居家养老与社区管理

陈斯华　编著

中国财富出版社有限公司

图书在版编目（CIP）数据

居家养老与社区管理 / 陈斯华编著 . —北京：中国财富出版社有限公司，2021.3（2024.8重印）

ISBN 978-7-5047-7401-9

Ⅰ . ① 居…　Ⅱ . ①陈…　Ⅲ . ①养老—社区服务—研究—中国　Ⅳ . ① D669.6

中国版本图书馆 CIP 数据核字（2021）第 054824 号

策划编辑	李彩琴	**责任编辑**	张红燕　张　婷	**版权编辑**	李　洋
责任印制	梁　凡	**责任校对**	孙丽丽	**责任发行**	董　倩

出版发行	中国财富出版社有限公司		
社　址	北京市丰台区南四环西路 188 号 5 区 20 楼	**邮政编码**	100070
电　话	010−52227588 转 2098（发行部）		010−52227588 转 321（总编室）
	010−52227566（24 小时读者服务）		010−52227588 转 305（质检部）
网　址	http://www.cfpress.com.cn	**排　版**	宝蕾元
经　销	新华书店	**印　刷**	北京九州迅驰传媒文化有限公司
书　号	ISBN 978−7−5047−7401−9/D・0178		
开　本	710mm × 1000mm　1/16	**版　次**	2022年 4 月第 1 版
印　张	9.75	**印　次**	2024年 8月 3 次印刷
字　数	135 千字	**定　价**	58.00 元

前言

近年来，我国人口快速老龄化，老年人日益增长的健康以及养老需求与养老服务不平衡、不充分发展之间的矛盾，越来越受到政府和社会各界的关注。国家统计局数据显示，截至2019年年末，我国60岁及以上人口约2.54亿，占总人口的18.1%。其中，65周岁及以上老年人口为17603万人，占总人口的12.6%。《国家积极应对人口老龄化中长期规划》指出，人口老龄化对经济运行全领域、社会建设各环节、社会文化多方面乃至国家综合实力和国际竞争力，都具有深远影响，挑战与机遇并存。从长远来看，人口老龄化将给养老、医疗服务带来长期的发展压力。

以上数据反映出老龄化已成为突出的社会问题，随着“421”型家庭的增多和社会竞争的不断加剧，传统的家庭养老已成为子女的不堪承受之重。而机构养老则面临难以满足老年人情感需求、运营成本高、行业水准参差不齐等发展困境，难以服务大部分的老年人。因此，综合了家庭养老和机构养老优势的社区居家养老模式，越来越受到重视。

我国的养老方式依据供给主体可分为家庭养老、机构养老和社区居家养老三种方式。家庭养老虽能在情感方面满足老年人的需求，但受计划生育政策等因素的影响，日益小型化的家庭不但不能为老年人提供专业、全面的养老服务，甚至无法承担家庭养老责任；机构养老能够为老年人提供完善的养老设施和专业的养老服务，但往往机构资源有限、收费水平高且违背了老年人在熟悉的环境中养老的意愿，并不被大多数老年人接受；社区居家养老不同于家庭养老与机构养老，既符合老年人在家养老的意愿，又能为老年人提供所需的养老服务，在解决家庭小型化带来的养老困境的同时也满足了老年人的心理需要，因此成为一种被广泛接受的养老方式。但随着老年人养老需求的不断提高，传统的社区居家养老已经不能满足老年人多元化的养老诉求。智慧养老模式将养老服务与互联网、大数据、物联网等信息技术结合，整合多领域资源，满足老年人的个性需求，为政府有关部门、各养老服务机构提供更多养老的信息服务，在改善养老服务质量的同时有效降低养老服务领域的人力与运营成本，避免因养老资源分散而产生资源浪费。将智慧养老模式应用到社区居家养老中能够有助于实现养老服务供需平衡、丰富社区居家养老内容、提升养老服务质量及服务人员素质、完善社区居家养老服务体系。

社区居家养老是立足于我国养老服务的现状，把握传统家庭养老的优势，弥补现代社会养老模式的劣势，形成的一种新型养老模式。这种养老模式，既能够满足老年人的亲情需求、对家人的依恋感及生活在熟悉环境中的舒适感，又能顾及老年人对医疗护理、文化休闲等其他专业化服务的需求。目前，社区居家养老的基本做法是：在社区建立居家养老服务站点，让老年人依照传统意愿居住在家中，同时享受服务站点提供的营养配餐、家政服务、医疗保健、休闲娱乐等养老服务。所以，也可以说“社区居家养老是将社区建设成一家大型的隐形养老院”。相对于机构养老，社区居家养老提供的服务能更加适应我国老年人群的心理需求，能更加照顾到老年人的精神世界。因此，社区居家养老更加符合我国的国情，是新时代养老体系改革可探索的新路径。

社区居家养老服务的出现，是顺应时代变化的产物。我国自 21 世纪初开始重视这一养老方式。2000 年《中共中央国务院关于加强老龄工作的决定》首次提出要加强社区建设，依托社区发展老年服务业，进一步完善社区为老年人服务的功能的概念。此后 2011 年国务院在《中国老龄事业发展

“十二五”规划》中，明确提出建立以居家为基础、社区为依托、机构为支撑的养老服务体系，居家养老和社区养老服务网络基本健全的发展目标。而后对具体如何建设社区居家养老服务站点，中央也提出了明确的要求，要推进社区居家养老服务全覆盖。开展老年人养老需求评估，加快建设社区综合服务信息平台，对接供求信息，提供助餐、助洁、助行、助浴、助医等上门服务，提升社区居家养老服务覆盖率和服务水平。依托社区服务中心（站）、社区日间照料中心、卫生服务中心等资源，为老年人提供健康、文化、体育、法律援助等服务。从这些文件中可以看出中央对养老事业的重视及对社区居家养老建设的期许。依据中央的指导性意见，各级地方政府对于社区居家养老建设也给予了高度重视和大力支持。

我国传统的养老模式中存在着“医”和“养”分离的问题，老年人尤其是失能和半失能老年人的医疗和护理问题尤其突出。养老机构内缺乏专业的医疗护理设备，老年人无法得到专业的照顾，老年人多样化的养老需求得不到满足。当前，失能和患有慢性病的老年人护理，主要是由相关的医疗机构承担，这大大增加了医疗机构的压力，导致“押床”现象普遍，同时也增加了老年人的养老负担。因此，推进养老服务领域“医”和“养”的结合，成为当今的迫切需求，“医养结合”社区居家养老服务应运而生。

近年来，随着我国老龄人口的不断增加，家庭和社会面临着越来越严峻的养老形势。其中，随着家庭结构日趋小型化，家庭养老的功能不断弱化；而机构养老由于受到很多条件的限制以及老年人自身原因等因素，同样面临着发展困境。在这种情况下，新的养老模式——社区居家养老也就应运而生。它是介于家庭和机构之间，运用社区资源开展的养老模式，而作为社区居家养老主要内容的服务供给也是依托社区展开的，所以，社区居家养老的发展离不开社区这个平台。在现实生活中，社区也在逐渐发展，同样面临着体制改革等问题，因此，基于社区管理创新的视角研究如何发展社区居家养老服务，具有重要的现实意义。

目录
CONTENTS

第五章　构建社区管理机制下的居家养老多元主体协同治理新模式

第六章　“医养结合”居家养老社区管理模式

第七章　“互联网 +”社区居家养老服务模式

第八章　智慧居家养老社区管理模式

第九章　前景展望

第一章

我国居家养老与社区管理现状

目前，人口老龄化已经成为世界性趋势，我国早在1999年就进入了老龄化社会，国家统计局数据显示，截至2019年年末，我国60岁及以上人口约有2.54亿，占总人口的18.1%。其中，65周岁及以上老年人口数为17603万人，占总人口的12.6%。预计2025年我国60岁及以上老年人口数将突破3亿。随着我国老年人口比例的不断增加，老年人群对生活照料、精神慰藉、医疗护理等需求也将不断增长，这更加凸显了养老问题的严峻，养老问题应引起全社会的广泛关注。

第一节　背景分析

结合现实国情，我国的人口老龄化呈现以下两大特征。

第一，我国的人口老龄化呈现“未富先老”的现象且老龄化速度很快。也就是说我国是在经济不发达的情况下就进入了老龄化社会。1999年，当时我国的人均国民生产总值还没有达到1000美元，远远落后于其他先期进入老龄化社会的某些发达国家，这无疑为养老问题的解决增加了难度。据联合国预测，中国一直是世界上老年人口数量最多的国家，占世界老年人口总量的1/5。不仅如此，我国的老龄化发展迅速，其他发达国家很多都是经历了一个世纪甚至更长时间才进入老龄化社会，而我们国家仅仅用了二十余年就迎来了“银色浪潮”，位居老龄化速度最快的国家之列。

第二，我国老年人口呈现空巢化趋势。2010年11月全国社会养老服务体系建设推进会上，民政部部长李立国指出，目前我国城乡空巢家庭的比重超过了50%，部分大中城市甚至高达70%，而在2000年人口普查时这一数据仅为25.8%。联合国的一份报告显示，到2049年，中国60岁以上的老年人口将占总人口的31%，老龄化程度仅次于欧洲。而国家统计局发布的2021年第七次人口普查数据显示，我国65岁及以上人口为19064万人，占总人口的 13.5%。这些老年人的养老问题亟须得到解决。

一、传统的家庭养老功能日益弱化

孝文化作为中国传统文化的重要组成部分，其核心思想莫过于孝敬老人、奉养老人，这种文化思想深深影响了广大华夏儿女，始终贯穿于家庭养老的传统观念中。即家庭始终是老人颐养天年的最好场所，是承载老年人情感的最好港湾。而“养儿防老”的观念更是根深蒂固，老人的晚年生活理应由家庭成员负责照料。家庭是社会的基本单位，其模式、结构等具有一定的稳定性，然而，随着我国经济、社会、人口构成等方面的变化，家庭的稳定性也面临着改变，同时影响着家庭的养老功能。我国的计划生育政策实施至今已走过了 30 多年的历程，其间，我国的生育水平确实迅速下降，对我国人口总量的控制作用是毋庸置疑的。但随着政策的实施，我国每年出生的人口数量大大减少，这种变化自然导致人口年龄结构出现重大改变，这也是我国迅速进入老龄化社会的重要原因。而这种宏观层面的人口趋势必然反映在微观家庭层面，进而对家庭的结构、规模等产生巨大影响。根据第六次人口普查的数据分析得知，10 年来中国人口处于低生育水平阶段，平均每个家庭的人口为 3.10 人，与 2000 年的普查结果相比，减少了 0.34 人。与此同时，人口年龄结构中老年人所占的比例也上升了 2.93 个百分点。近年来人口流动性的加大无疑又加剧了家庭结构的分化。在这种情况下，我国家庭养老的功能出现了明显的弱化趋势。

一是我国家庭户型日渐减小，不利于家庭养老。随着我国独生子女人群的不断扩大，使得这种家庭的养老变得困难。一般情况下，一对独生子女组成的夫妇要赡养至少 4 个老人，这无疑在经济、精神等层面都加重了子女负担。此外，随着社会竞争的加剧，子女们在忙于工作和照顾老人上不可避免地产生一定冲突，而在三世同堂的家庭里，孩子和老人之间的平衡又对子女提出了挑战。二是随着我国城镇化进程的加快，人口流动性逐渐加大，子女选择外出工作进而与父母的距离也就加大。此外，传统的家庭养老观念也受到各种客观因素和价值观的影响。现在很多年轻子女由于生活习惯、价值观等的不同，不愿意与老人一起居住，特别是结婚之后，年轻夫妇都选择与父母分开居住，无论是城市还是农村，空巢老人的现象也就更加普遍。老人与子女居住距离的加大，自然削弱了家庭养老的功能。

二、机构养老面临挑战

随着我国经济的发展，政府尽管在机构养老方面逐渐加大了资金投入。但我国老年人口的比例也在不断上升，目前全国养老机构的发展远远不能满足老年人的需求，出现了供求不平衡的状况。当然，造成这种现状的原因是多方面的，机构养老也面临着发展困境。

首先，养老机构缺乏资金及政策的扶持。资金的不足是制约我国养老机构发展的主要因素。虽然近年来我国各级政府相继出台了多种对养老机构的资助和补贴政策，但其金额远不能满足各类养老机构的发展，并且其中还有各项筛选标准，往往只有少部分符合标准的机构才能得到扶持。养老机构的日常运作主要是靠入住老年人交纳的服务费，但由于这是一项不以营利为目的的产业，所有向老人收取的费用也有严格的限制，这样就导致很多机构在亏损或者刚好持平的情况下运营，长此以往，自然就会有养老机构维持不下去进而倒闭。此外，对于养老机构这类从事福利事业的组织，政府应该积极出台各种政策给予支持和鼓励，如税收减免、水电费优惠等。但目前的情况是，虽然我国各地有这方面的政策，但由于没有完善的配套措施，落实得不是很到位，也没有相关的法律法规给予保障，使得国家的各项扶持政策效果大打折扣，甚至成为口头承诺。这些问题都大大制约了养老机构的健康发展。

其次，养老机构服务队伍的建设面临困难。在养老机构的发展中，服务队伍建设至关重要。从现实情况看，养老机构服务人员整体的专业水平、职业素养不高，也缺乏学历高、专业性强的管理人员。服务人员主要是由一些下岗工人、进城务工的农村妇女组成。虽然在进入岗位之前或在日常工作中，这些人员会接受各种短期的培训，但远不能很好地提高人员整体素质，达不到专业化的水平，进而影响整个机构的服务质量。此外，在走访中，我们也发现很多机构面临服务人员招聘难的问题，特别是很难吸引到一些高学历的专业护理人才。而由于福利待遇低、社会观念等原因，具有专业背景的高校毕业生也不愿意从事这方面的工作。很多机构有扩大规模的想法却往往不能实现，人才匮乏是其中的重要原因，这严重影响了养老机构的服务质量提高、服务内容拓展，使得机构养老面临着越来越多的发展困境和挑战。

第二节　居家养老

一、渊源

与西方国家不同，儒家的“孝道”在中国人的思想中早已根深蒂固。“百善孝为先”“养儿防老”等耳熟能详的语句道出了中国人“反馈哺育”的思维方式。如果有子女把老人送进敬老院、养老院等托老机构，就会被众人看成不孝而受到指责和非议。当然，老年人普遍也不愿意去养老院度过余生，他们更愿意在老年时期能够子孙满堂。再加上有些养老院生活环境较差、不自由，护理人员数量不足、专业知识欠缺、素质不高、耐心不足、沟通技巧缺乏等原因，导致很多老年人是在无奈之下作出去养老院居住的决定。

“家庭养老”是我国最为传统的养老方式，也是现行养老模式中的主要形式。但从 20 世纪 80 年代开始，随着计划生育被立为我国的一项基本国策，典型的“421”中国现代家庭模式开始出现。就业难、社会竞争激烈、同时侍养四个老人等都是现代独生子女需要面临的问题。工作的流动性和竞争的激烈性也使不少独生子女陷入了“事业人士”的社会角色和“孝顺子女”的家庭角色的冲突之中。一方面，他们不愿意把老人送入养老院等养老机构，另一方面，自己没有足够的时间和精力在家里侍奉老人，这种尴尬境遇必然会催生出一种更为合适的当代中国养老模式，居家养老应运而生。

在目前人口老龄化的背景下，恰当的养老方式对促进我国城市与社会的发展，解决城市养老问题以及提高老年人的生活质量都具有深远的意义。随着我国进入老龄化社会，家庭养老和机构养老也面临着诸多困境。人们不得不开始寻找适合我国国情的新型养老方式，旨在缓解我国面临的养老压力，弥补传统养老方式的不足，正是在这样的大背景下，基于社区的居家养老应运而生。相对于国外的社区照顾，我国的社区居家养老起步较晚，关于这方面的探索始于 21 世纪初，2000 年，上海市率先开始这方面的探索工作；2002 年大连市成立了全国首家社区居家养老院，这是社区居家养老模式的最初试验。随着大连市社区居家养老模式的成功，各地纷纷开始进行试验，2004 年民政部宣布在全国各地社区实施老年福利服务“星光计划”，决定用 2~3 年时间利用全国福利彩票资金总额的 80%，依靠政府投入、社会参与，建立社区老年福利服务网络。在此背景下，依托社区开展居家养老服务的模式开始在全国各地推行。

二、意义

（1）社区居家养老模式适合我国老年人的心理需求

由于我国传统文化、国民性等因素的影响，家的重要性在老年人心目中是无法取代的，老有所住、老有所依，在家养老是再合适不过的。推广社区居家养老，符合我国几千年的文化传统，也满足了老年人的心理需求。大多数的老年人还是希望能够在家度过老年时光。如果让他们搬至老年公寓、护理院等福利机构，远离自己熟悉的生活环境和子女亲属，老年人势必会产生一定的情感失落，安全感降低，孤独感大大增加，这样不利于老年人的精神健康。而社区居家养老模式既能让老年人在家里或社区内安度晚年，享受到多样的养老服务，满足各种需求，又避免了他们因搬离家里、离开子女而产生的不良情绪，可以说是一举多得。

（2）社区居家养老符合我国现实国情

我国在经济不发达的情况下进入了老龄化社会，社会保障体系的建设严重滞后，随着老年人口的增多，解决社会养老问题对于我国政府及社会而言，无疑是一个巨大挑战。虽然近年来我国总体经济实力不断提高，但还没有足够的能力构建一个高水平的社会福利体系。社区居家养老则是目前最适合我国经济发展水平的方式。其具有成本相对较低、覆盖范围广的特点，它提倡依托社区，利用社会资源，调动社会力量，多方参与养老服务供给，而不是仅靠政府来发展养老福利事业，这样可以让更多的老年人享受到服务。

城市社区居家养老模式自 2001 年在我国推广以来，各地区在实践中不断探索和发展，形成了各具特色的模式。2005 年我国开始在北京、上海、大连等地进行试点，各地纷纷出台相应的政策和制度给予支持。如今很多城市的社区居家养老都发展到了一定程度，发展模式也各有特色，如北京的“三结合无围墙养老院”模式、宁波市海曙区的政府购买模式，都在缓解本地老龄化压力方面取得了一定成效。但必须指出的是，我国在推广社区居家养老模式的同时，也遇到了很多困难，各个城市都面临政策缺失、资金不足等问题，这就需要更多的努力和探索，打破困境，将社区居家养老模式真正发展起来。

三、模式

作为一种养老模式，社区居家养老近几年发展得很快，相关的理论研究也很多，但到目前为止对其还没有一个统一的定义。全国老龄工作委员会办公室、民政部等10部委发布的《关于全面推进居家养老服务工作的意见》认为，“居家养老服务是指政府和社会力量依托社区，为居家的老年人提供生活照料、家政服务、康复护理和精神慰藉等方面服务的一种服务形式。它是对传统家庭养老模式的补充与更新，是我国发展社区服务建立养老服务体系的一项重要内容。”有的学者把“社区居家养老”定义为“老人不离开自己长期居住的社区和家庭，依靠社区内部或者附近的社区居家养老服务体系，在自己家中养老”。也有学者把它定义为“以家庭养老为主、社会养老为辅的养老模式。就是要积极调动社会各方面的力量，组合成一个最符合老年人意愿的，一个最有利于保持和加强老年人自理能力的，一个最切实可行的和一个最有效的养老保障体系。建立一个最有助于社会持续发展的养老模式，最终形成一个以家庭为核心、社区居家养老服务网络为外围、养老制度为保障的社区居家养老体系。社区居家养老就是老人以家庭为核心，社区为辐射点，政府和社会提供制度、政策和资金的保障，为老人提供各种养老服务。”

依据社区居家养老的相关概念，可以看出该养老模式是融合了政府力量及社会力量参与的新型养老模式，意味着参与主体涉及方方面面，故而先在这里将参与主体做一个类别的划分，以便展开论述。

（1）政府（中央、地方政府部门、行政机关）

政府是国家权力的执行机关，承担着维护国家安全、社会稳定和保证公共权益的职责。社区居家养老体系建设是一项改善民生、解决几亿人养老问题的大工程，离不开政府的政策引领、制度保障、资金扶持和监督管理。

（2）企业（营利组织、养老机构、家政企业）

随着社会养老需求的不断增加，完全依靠政府的投入，不免面临服务供需不平衡、资源利用率及效率低下等问题，很容易导致政府失灵的不良状况产生。这时就需要引入市场机制，运用市场作用来激发养老事业自循环的能力以促使其走向良性发展。企业的参与能够丰富养老市场的服务产品，除了满足老年人基本的生活需求，还能给老年人带来满足其更高层次需求的服务。但是企业作为以营利为目的的主体，如何在公益事业中，秉承社会责任的同时，开拓盈利渠道是一项亟须解决的重要课题。

（3）社会组织（非营利组织、民间团体、慈善机构）

我们通常所说的社会组织是指非营利组织、民间组织及慈善机构类别，本书也依据该名词释义所划分的范畴对社会组织进行阐述。社会组织具有公益性质，通过依法注册，可以补充公共服务，也有参与社会公共事务治理的话语权。也就是说，社会组织在社区居家养老服务中，既能够补充政府职能提供有效的监督评估手段，又能够提供针对性强的公共服务，有助于整合社会资源，减轻政府负担；同时，社会组织的参与，还是弥补政府失灵或市场失灵的有效手段。

（4）社区（老年人及其家庭、社区自治组织）

所有的研究无一例外将社区称作社区居家养老服务的依托体，确实，社区是家庭的延伸，老人在家中养老就是在社区中养老，它是居家养老服务的载体，各类资源在这里进行整合，最后服务到老年人，社区自身发展的状况也直接影响着养老服务的质量。

社区自治组织在一些概念划分中被认为是从属于社会组织，但在本书中，因社区自治组织在该项公共事务中，可同时扮演服务与被服务主体，故而将其归入社区资源类别。社区自治组织在收集居民意见、反馈服务效果、保证有效监督方面都有着天然的优势，作为最关注自己社区点滴的团体，社区自治组织在社区居家养老体系中也最有可能是代表老年人根本需求的发声者。此外，老年人自身资源也是社区资源的重要组成部分，提倡老年互助模式，以老助老，不仅能够节省资源，还能帮助老年人提升社会存在感，满足精神需求。家庭成员应转变传统固化观念，鼓励老年人接受养老服务，当然，家庭的情感基础地位是不能动摇的。

第三节 社区管理

一、发展

20世纪50年代，社区开始在全国各地形成。国家在1954年正式颁布了《城市街道办事处组织条例》和《城市居民委员会组织条例》，以法律的形式对二者的性质、地位等作出明确的规定。中华人民共和国成立后，我国形成了以单位制管理为主、以基层地区管理为辅的社会管理格局，也就是所谓的“单位制”和“街居制”。这种管理体制具有强烈的行政性、单一性等特征，在当时的社会背景下起到了非常重要的作用，同时也存在着很多制度性的问题。随着改革开放和市场经济体制的不断深化，这种计划经济体制下的管理格局被打破，以单位为管理主体的体制因不能适应大环境的变化而日渐式微。为了弥补单位制的不足而建立起来的街居制也面临着越来越多的困境，这一基层管理体系也越来越不能适应社会的发展。

1982年，民政部召开了城市基层政权管理体制改革座谈会，在会上提出了“社区服务”的概念，自此拉开了我国城市基层政权管理体制改革的序幕。随后全国各地根据相关意见和要求，纷纷开展了关于社区建设方面的工作。1987年9月，城市社区服务工作座谈会在武汉召开，在会上，有关部门总结了全国的社区建设经验，并在此基础上对社区服务进行了定位，明确了发展方向，扩大了服务内容，同时也强调了调动街道、居委会以及社会力量来共同推进社会福利事业的发展。1991年5月，民政部提出了社区建设的新思路，并于同年7月以文件的形式加以确定，全国各地按照要求广泛开展社区建设，也开启了社区管理的新阶段。随着社区建设的蓬勃发展，我国多个城市纷纷进行探索和创新，形成了各具特色的社区管理模式。如影响较大的沈阳模式，即从基层政权和组织建设入手，通过模仿国家政权机构的设置，创造性地在社区内设立了社区成员代表大会、社区协商议事委员会和社区居民委员会，将其作为社区自治的主体基层组织，并通过制度规定，明确了三者的权责关系，形成了议行合一、相互制约的运行机制；又如青岛模式，其最大的特征是以社区服务为工作重心，建立区、街道、居委会三级组织机构，并成立了三级社区服务中心，在实际工作中，社区拥有更多的管理职权，大大提高了社区服务工作在社区管理中的地位；还有武汉汉江模式、天津模式等都具有一定的代表性和影响力，这些都是各地在社区管理创新上的表现。

二、创新

随着我国经济体制和社会管理的不断改革和进步，社区管理也逐渐走向成熟，但由于每个地区的经济、社会环境等方面存在差异，我国目前还没有形成统一的、系统的社区管理模式，每个城市都有特色的社区管理并在不断地进行创新。创新是时代的主题，社区管理也不例外，只有不断进行管理创新，才能够取得进步和长远发展，适应周围大环境的变化，提高效率。社区管理创新就是对原有社区管理体系的新创造，是对旧的社区管理观念、管理制度、管理手段、管理过程和管理理论的全面的、质的突破。在社区管理的实践中，各地区也在这些创新方面不断地进行尝试和探索。如前面提到的沈阳模式、青岛模式等。城市社区居家养老在我国还处于初步建设阶段，它依托社区的特点决定了社区管理对其影响非常重大。社区管理在原有的管理体制、管理理念、管理制度、管理手段等方面可能在一定程度上不能与社区居家养老相适应。因此，创新就被提上日程，即在管理理念、方式等方面进行尝试和突破，使得社区环境能够更好地促进社区居家养老的发展和推广，让更多的老年人享受养老服务，反过来在进行社区居家养老工作的过程中，社区管理也会进一步得到完善。

城镇社区居家养老服务供给能力应立足于供给侧理论，从供需平衡关系出发，以城镇社区居家养老者为研究重点，将城镇社区居家养老服务供给主体明确为政府、家庭、社区、社会组织四方，明晰城镇社区居家养老服务各主体供给能力、影响因素、存在问题及其原因。具体而言，政府方面：法规政策、财政支持、绩效考核等是影响其供给能力的因素，目前存在法律法规不健全、政策条文不完善，资金投入不足、渠道不通畅，法规政策落实不到位、执行不力等问题。家庭方面：家庭结构、传统社会文化、家庭资金支持等是影响其供给能力的因素，目前存在家庭结构不合理、社会文化不匹配、经济支持压力大等问题。社区方面：设施环境、资源整合、宣传信息、服务人员素质等是影响其供给能力的因素，目前存在设施环境建设不完善、资源整合能力不强、宣传信息不对称、服务队伍素质不高等问题。社会组织方面：自动参与、服务水平、人员管理等是影响其供给能力的因素，目前存在自主性不强、服务领域不宽、服务人员管理不善等问题。针对以上研究，着力探讨城镇社区居家养老服务各供给主体在供给能力提升上的协调和配合，结合城镇居家老年人的实际养老需求，力争达到城镇社区居家养老服务供需平衡，为城镇居家老年人提供最佳养老服务。

第二章

理论基础与发展历程

第一节 理论基础

一、福利多元主义理论

任何一个理论的产生和发展都基于一定的历史背景，并且具有一定的路径依赖性，福利多元主义也不例外。福利国家能够长期运行必然依赖稳定的经济环境，一旦经济出现大规模萧条，个体自由与社会安全就无法保持在平衡的黄金点上。由于20世纪70年代石油危机引发的失业问题严重地瓦解了国家的经济支柱，庞大的社会福利支出使得福利国家成为被批判的对象，以此为背景反对过分强调国家在福利提供中的作用，主张引入非政府力量来发展一种多元的、混合的福利制度的观点日渐兴盛。

在蒂特姆斯提出福利提供者多元化的观念后，沃尔芬德也集中研究出了福利多元主义并在1978年发表的《志愿组织的未来：沃尔芬德报告》中首次使用了这一概念，他主张把志愿组织也纳入社会福利提供者的行列，并引用英国的实践证明福利供给存在着多元体系。在自由研究的氛围里，关于福利多元主义有太多模糊和不一致的观点及其论证，但是罗斯在《相同的目标、不同的角色——国家对福利多元组合的贡献》中提出建立国家、市场和家庭之间相互补充、共同提供福利的福利三分法划分模式得到了许多学者的认可，并启发学术界运用这种研究路线来分析福利多元主义。在“福利三角”分析基础上又提出了四分法、五分法等分析框架。伊瓦斯在罗斯的研究基础上，将福利三角分析框架放在文化、经济和政治的背景中，并将三方具化为对应的组织、价值和社会成员关系，提出了包含市场、国家、社区和民间社会四种力量在内的福利多元主义四分法，强调通过民间社会联系其他三方，使私人与局部利益和公共利益相一致。联合国社会开发研究所也在组织“照顾的政治社会经济”这项研究课题中，提出了由家庭、市场、国家、非营利组织四方构成照顾提供者的“照顾四边形理论”。

福利多元主义是公共政策的一个宏观分析范式，它关注福利的多元来源、供给、传输的结构。它纠正了过分强调国家提供福利的错误认识；提出国家、家庭、市场、非营利组织等多元福利提供者的责任并重；平衡不同的福利提供者的作用，建立多元福利提供者的结构，避免国家在福利提供中过分地保障，避免福利依赖问题的出现。无论是几分法的模式，基本出发点都是提倡分权，绝不是倡导“小政府”，而是希望推动各国通过私有化、自由化以及规制缓和的措施来实现部分政府部门的福利事务到自由市场或市民社会的转移共续。总体来看，福利多元主义分析工具经历了横向上福利供给主体增加和纵向上福利认知面增加的双重变化。

二、马斯洛需求层次理论

美国心理学家亚伯拉罕·马斯洛在早期研究过程中信奉人本主义，他认为个体成长过程中的内在需求是导致各种行为的基本动机。内在需求按照性质大致分为五种类型，从产生时间的先后和层次由低到高的排列，分别为生理需求、安全需求、社交需求、尊重需求及自我实现需求。麦格雷戈将早期需求层次五分论引用到管理学研究中，区分了 X 理论和 Y 理论，X 理论指的是以生理需求和安全需求为动机的工作行为必须受到专制管理，Y 理论认为人们产生工作的行为除以 X 理论为基础外还有高阶的价值追求，那就是情感和归属的需求、尊重需求及自我实现需求。马斯洛发现实际人格形成中如果过度强调自尊、自我价值等反而可能会造成以自我为中心的自私人性。于是马斯洛后期提出了“超人本心理学”，在早期需求层次五分论的基础上增加了最高阶的超越自我的需要（Z 理论），形成六个需求层次，并且把 X 理论视为一级需求，Y 理论视为二级需求，超人本的 Z 理论为三级需求，构成“三级需求层次理论”。马斯洛认为各种需求在发挥激励作用时由低到高进行排列组合，却不是按照固定的次序；一般情况下，一种层次的需求在这一时期内得到相对满足后，另一种相对较高层次的需求才会出现在下一个时期并显示出主要的激励作用；同一时期内存在多种需求未被满足的情况时首先要满足最迫切的需求，这个最迫切的需求便在这一时期处于支配地位起决定驱使行为的作用；低层次需求的存在是持续性的，它不会因为得到相对的满足或者高层次需求的出现而消失，只是它所体现出来的激励作用对行为的影响力会变小。

每个国家的需求层次结构都与该国的经济、政治、文化、科技、外交等要素水平相关，这些要素的综合实力决定了人们主要需求的层次和满足的程度。当人们因年迈退出工作领域后，他们需要老有所养、老有所居、老有所依、老有所乐、老有所为的生活，老年人的养老服务需求与所提供的服务是否匹配直接影响着老年人的生活质量。老年群体的需求首先要区别于其他年龄群体的需求，老年群体内部也因为年龄、收入、身体机能状态、心理状态等因素不同而存在差别化需求。虽然马斯洛需求层次理论并不是绝对的，但目前来看，它是最能够指导社区居家养老服务设计的理论依据之一。

三、协同增效理论

协同效应本身是一个物理化学现象，也被称为增效作用，本意是指两种或两种以上的不同元素融合所产生的作用大于各元素单独应用时的作用之和。德国物理学家赫尔曼·哈肯于 1971 年提出了协同的概念，随后发表的《协同学导论》系统地论述了协同理论，他认为整个环境中的各个系统间存在着相互影响而又相互合作的关系，它们所组成的新的结构能够产生整体效应。政治学对这种现象也有相似的认识，马克思唯物辩证法中对整体和部分关系的基本表述：整体不是部分的简单相加，而是由各部分构成的有机统一体，整体功能大于各部分功能之和。美国战略学家伊戈尔·安索夫将协同理念发展为经济学概念，他认为协同理论是企业进行多元化战略管理的重要依据，是有效利用资源的方式，可以简单表述为 1+1>2，协同效应最常表现为经营协同效应、管理协同效应和财务协同效应三种类型，其中经营协同能够产生规模经济、纵向一体化、资源互补等实际效益，管理协同能够提升资源的利用效率并节省管理费用，财务协同所带来的收益主要包括财务能力提高、合理避税。蒂姆·欣德尔集成了安索夫和坎贝尔等人的研究成果，指出实现协同可以通过共享技能、共享有形资源、协调的战略、谈判联合等横向关联和纵向整合的方式。

协同效应在企业管理领域的广泛运用，尤其是在服务业里的引入催化了一个较为新颖的服务供给理论的诞生，称之为"服务链理论"，该理论的基本观点是服务是由服务链提供的，每条服务链都是由两个或两个以上的节点相关联而形成的，当服务链条构成后对消费者的服务供给表现出主动性、前瞻性、完整性、社会性和对称性等特点。由于社区居家养老服务的供给内容具象化所对应的就是服务，那么对完善社区居家养老服务供给路径的研究可以采用协同增效理论以及服务链理论所提出的建构方法。具体来说，城市社区居家养老服务领域的"协同"指政府和社会力量之间目标利益呈一致性，以合作的方式构成开放的"服务链"，在集体行动过程中各主体间资源相互匹配、文化相互融合、目标相互促进，"增效"是指最大限度满足老年人的养老需求，实现老年人养老福利最优化供给的整体效应。

四、社会嵌入理论

"嵌入性"概念的提出及其在经济领域里的运用，最早是由波兰尼在《大转型》一书中完成的，它推动了社会经济学领域的发展，改变了人们对市场经济只受正规制度约束的固有思路，不再一味地认为制度是限制人们市场活动的唯一准则，开始将人和组织之间的关系、风俗文化和传统习惯对行为人结果效用的影响纳入研究范畴中。社会嵌入性无论是在工业化抑或是非工业化时代，都是隐性存在着的。之后的众多学者又发展了嵌入和被嵌入的概念，如格兰诺维特认为，市场经济嵌入社会结构这一大的事物范围内；亚历山德罗·波茨提出，嵌入者是多种多样的，可理性，可为结构，可为个人，同样，被嵌入者可能是社会文化、经济构成，等等。现如今，将社会嵌入理论运用于社区居家养老这一发展框架之中来，在社区各个主体间形成“老龄人口量增多—需求服务数量加剧—社区居家养老资源归并”的良性互动局面，即将老年人权益的保障及发展作为嵌入者，嵌入中国各个社区组织及老龄化的大环境之中，利于学者研究出正确的理论依据，及早地将其运用于实践当中，取得满意的效果。

五、多中心治理理论

多中心治理理论是艾莉诺·奥斯特洛姆和文森特·奥斯特洛姆夫妇创立的，其根本理念是多中心秩序。多中心是相对于单中心而言的，它最初指的是政府在一个城市中拥有的多个管理机构，它们之间在独立决策的同时，又可相互协作，共同完成对一片区域的公共事务管辖工作。因为公共物品具有其特殊的属性，譬如非排他性、非竞争性、非营利性，又加之人们多半时候只关心与自己利益紧密相关的事物和活动，所以对公共物品的付出程度及意愿度非常低，所有这些让亚当·斯密主张仅由市场管理公共物品的市场论和托马斯·霍布斯主张政府绝对主导公共物品的国家主权理论都显得过于偏颇和极端。多中心治理理论便是处于市场和政府之间的非极端化的第三条治理路径，它约制权力的滥用，极力反对权力的过度垄断和集中，允许政府以外的民间组织或企业团体参与到公共事务的供给中来，形成合理的竞争机制，以便多渠道提供优质的公共服务。其中的每一个决策主体都不再直接听命于政府，它们都可以成为独立的第三方，掌握着提供的主动权，激活公共物品提供市场的同时，让公众享受到更为优质的物品和服务。当然，多中心治理理论指导下的实践也并非尽善尽美，多中心绝不是指无领导的一盘散沙，也不是要对传统治理理念进行大刀阔斧的根本性变革，相反，它抱有一种审慎的政治态度，在实行的过程中，多中心的主中心还仍然是政府，它要制定相应的政策法规，规制好众多中心的竞争机制和制度规范，这样国家的公共服务供给体系才会更完善，我们的初衷才能得以顺利实现。

六、新公共服务理论

新公共服务理论以珍妮·V. 登哈特和罗伯特·B. 登哈特为代表人物。他们主张公共管理者的职责是帮助公民实现其利益诉求，而并非充当掌握或控制的作用，这种关系应严格区别于企业和顾客之间的利益关系，因为公职人员只是政府机构和项目的经营者，人民群众才是真正的所有者。公共利益的追求和实现不仅是管理者的责任，它更需要社会全体民众的积极参与，让他们可以在一个平等话语权的环境里献言献策，同心同力地执行完成各项任务。它强调人在管理目标中的重要性远大于效率，我们要善待每一位公民，更要善待每一位公职人员。这种理论更加关注公民价值和人民利益，将效率提高和生产力的发展置于公共利益这一更大、更广阔的框架之中，为建设服务型政府创立了良好的理论基础。

七、网格化管理理论

可以从以下四个方面了解网格化管理理论：第一，网格化管理依托现代信息技术将一定的地域面积按一定的标准划分为若干网格，并为每个网格配备若干名“格格”，即网格化管理员；第二，关于网格员的选用要充分考虑人员的年龄、专业技能以及相应的信息化系统操作运用能力；第三，网格化管理实质上是为了弥补传统管理模式带来的缺陷，促使公共服务行动从任务导向到公民导向转变，缓解管理重心下移带来的不良影响；第四，网格化管理由于管理区域的精细化，实现了公共部门与社区居民之间的“无缝隙”对接，有效应对了当下公共服务领域对“重管理、轻服务”的传统做法提出的挑战。

八、人口老龄化理论

根据人口经济学的相关理论，人口老龄化包括两个方面的含义：一是老年人占总人口的比重在不断上升，二是社会人口的年龄结构逐渐呈现倒金字塔状态。国际上通常采用世界卫生组织的定义来判断一个地区的老龄化程度：当一个国家或地区 60 岁及以上老年人口占总人口比例达到 10%，或 65 岁及以上老年人口占总人口比例达到 7%，就意味着这个国家或地区进入了老龄化社会，而当 65 岁及以上老年人口占总人口比例达到 14%，即进入了深度老龄社会，达到 20%为超级老龄社会。简言之，人口老龄化反映了一个国家人口年龄结构的动态变化，随着年轻人口数量的减少以及老年人口数量的不断增加，只要达到上述条件，这个国家就进入了老龄化社会。一旦步入老龄化社会，意味着该国将面临包括养老问题、健康问题、医疗问题在内的各种社会问题，不解决好这些问题将会对社会的稳定发展造成很大的负面影响。因此，任何国家或地区都希望在老龄化社会到来之际，能够有效地解决上述各种问题，保证社会的健康稳定发展。

九、老年需求理论

根据马斯洛需求层次理论，人的需求从低到高按层次分为五种，最低的是生理需求，最高的是自我实现需求。根据老年人需求的类别进行分类，老年人的需求主要包括以下六类：一是生活设施、生活环境、生活资料的需求，二是老年人生活服务方面的需求，三是老年特殊用品方面的需求，四是老年健康医疗方面的需求，五是老年人文化、休闲、旅游、交往方面的需求，六是老年人理财、保险、法律、教育、就业、婚姻方面的需求。按老年人的年龄来划分老年需求，主要包括以下三类：一是 60~70 岁的老年需求，二是 70~80 岁的老年需求，三是 80 岁以上的老年需求。根据养老服务的内容进行分类，有以下四类需求：一是生活照料方面的需求，二是医疗健康方面的需求，三是心理慰藉方面的需求，四是临终关怀方面的需求。

总之，无论是哪种分类方式，老年人的需求无外乎物质需求和精神需求两个层面，只要满足了老年人这两个方面的需求，即可以确保老年人过上幸福的晚年生活。因此，需要有针对性地向老年人提供他们所需的养老服务。

第二节　发展历程

一、萌芽期：20 世纪 50—60 年代

“社区照顾”一词第一次出现于 1954—1957 年精神疾病与缺陷者皇家委员会文件中，它的照顾对象包括弱智者、精神病人，它鼓励这些群体参与社区生活、享受社区服务。福利国家之所以提出这样的照顾理念主要是为了跳出院舍式养老模式的陷阱以及规避机构照顾的非人性化后果。英国的有识之士认为由机构照顾的人不仅因为他们的身体或精神的“失能”而被关在机构的院墙里，而且还因为这种隔离使他们的社会角色被剥夺，进一步制造了社会“失能”，因此，除去机构的控制，让需要照顾的人在社区过普通的生活，在日常生活的环境中接受治疗和服务，以恢复他们的社会角色，维护他们的尊严。“去机构化”主张就成为推动社区照顾发展的主要潮流。对老年群体提供社区照顾的首要目的是肯定老年人的基本权利，在保证老年人自由意愿的前提下依靠社区性服务实现老年福利正常化。这个时期的主要成果是社区照顾逐渐达成了一种观念上的共识。

二、初创期：20 世纪 60—80 年代

在这个时期社区照顾被政府认同。20 世纪 60 年代，英国政府出版了《健康与福利：社区照顾的发展》报告，社区照顾的对象扩展到了老人、儿童等弱势群体。英国 1968 年公布的卡罗琳报告承认用社区照顾来替代长期照护服务可以有效地节省财政支出，该报告中的《地方政府与相关个人性社

会服务委员会报告书》促使英国的照顾责任由中央向地方转移并开始重视社会力量的补充。蒂特马斯和琼斯等学者对于政府的这种行为持有反对意见，他们并不是反对社区照顾本身，而是认为这个时期的社区资源并没有达到能够承担照顾任务的程度，在准备欠妥的情况下贸然进行政策实施不仅不能够解决问题，反而会造成资源的浪费以及社会秩序的混乱，政府执意这样做有推卸责任的嫌疑。

三、黑暗期：20 世纪 80 年代初期至中期

正如蒂特马斯等所言，在社区照顾所需要的各种制度及资源没有到位的情况下最终形成的是变质的社区照顾。中央政府堂而皇之地将照护责任踢给地方政府、非政府组织，甚至是家庭个人等非正式照顾主体，而且受剩余福利观念的局限，服务的对象也是选择性的。在这样的政策制度环境下，从院舍到社区之间不存在照护的接续，老年人不得不在各种机构中飘忽游走。

四、改革期：20 世纪 80 年代中期—90 年代末

以《1982 年维也纳老龄问题国际行动计划》为转折，福利国家开启了社区照顾服务的深度改革，大部分国家都遵从“以社区为基础，设法向老年人提供各方面的服务，让年长者能够尽量在自己家里和社区独立生活”的指导思想。1989 年英国依据“混合福利经济”原则颁布了《社区照顾白皮书》，从政策上确定社区照顾理论的合法性。1993 年英国全面实现社区照顾改革，改革的工作重心转移到居家照顾和独立生活上。有学者基于“正式照顾和非正式照顾”的二分法创造性地提出了“社区内照顾”和“由社区照顾”的分类标准，美国尤其强调社区的作用，西欧国家侧重于社会服务的支持。在因需制宜的变革过程中，由于每个国家的侧重点不同，服务体系的名称也有所差别，比如美国侧重于在老年人熟悉的环境中设立“在地养老”系列项目。

各国普遍开始采用社区居家养老方式有四大原因：一是受经济的制约，即福利开支庞大，政府难以负荷；二是市场瘫痪，养老机构的数量无法满足养老人口的数量；三是尊重“以人为本”，提倡所有人都有资格、有权利生活得尽可能正常，个人隐私和个人空间神圣不可侵犯；四是顺应家庭情感寄托，重新恢复家庭养老方式的长处，让家庭和社区一起来负责照顾老人。

五、提升期：21 世纪以来

社区照顾“以人为本”的工作理念，拓展了救助的内涵，使老年人能公平享有社会福利资源。社区照顾的基本原则之一就是去机构化，这本身就是一种“人权”“人道”和“仁爱”理念的折射。从实施情况来看，在社区中开设老人照顾、老人日托和老人活动中心，一方面使社区资源得到充分利用，另一方面通过为老年人提供无偿、低偿的服务，缓解了家庭和社会的养老压力。老年群体本身既是照顾需求者也是照顾服务的提供者，社区照顾能够充分利用社区资源，有效降低养老成本。社区照顾通常是由政府承担的照顾性服务，这些正规服务多由政府人员与专业工作人员提供，除此之外，社区照顾还可以有效利用非正规资源，形成强大的社会服务网络。从世界各种社会福利体制改革的实践来看，社区照顾作为当前国外社会福利服务的一个输送模式和社会工作的一个重要发展方向，已经得到普遍的应用和发展。

目前社区照顾及社区居家养老服务基本上涵盖了不同层次养老需求的内容，为了科学有效地管理和提供便捷服务途径，将高新技术和大数据平台引入社区居家养老福利领域是一种创新思维，这也意味着国际社区居家养老服务进入功能的提升时期。

第三章

我国居家养老社区管理的必要性

第一节　我国城市社区居家养老的必要性

我国城市社区居家养老模式的发展既有国家政策和资金的支持，又有相对完善的社区基础建设为依托，在吸引民间组织积极参与的同时，还符合中国传统的孝道伦理观念，具有实施的可行性。

一、基于传统思想观念

自古以来，孝敬父母就是我们中华民族的传统美德，身体发肤受之父母，父母把儿女抚养长大，儿女在父母年老的时候赡养他们自然是天经地义的事情。作为父母来说，儿女就是他们永远的牵挂，他们在年老时更愿意待在家中，颐养天年，享受天伦之乐，这才是老年人真正的幸福快乐。所以，大部分老年人在条件允许的情况下，多半还是喜欢生活在自己熟悉的家庭环境、熟悉的邻里环境当中。社区居家养老正是这样一种养老模式，可以让老年人足不出户，就能在自己熟悉的社区大环境中解决一切护理、日常照料等生活问题，还能与熟悉的老年伙伴聊聊天，解解闷，丰富文化生活，小区的氛围也会因此变得和谐融洽，可谓一举多得。

二、基于国家政策支持

社区居家养老模式是政府非常支持的养老模式之一，具有美好的发展前景。政府投入人力、物力、财力，社区居家养老服务才能进一步办起来，加上政府的指导和监督，服务的内容也会逐渐规范化和全面化，更有利于这种养老模式的发展。

三、运行成本相对低

社区居家养老是将社区原有的资源进行整合，在此基础上添置新的设备、建设新的养老服务日间照料中心等，这样一来，便会大大减少投入的成本。最主要的是，比起机构养老需要建设养老院和养老床位来说，它的成本更加低廉，因为老年人多数都是有家庭，有居住的房子，这可以节约一大笔建设资金。而且社区中邻里之间也可以互相帮忙照顾，还可以招募一些志愿者，提供免费的养老服务。雇用的护理人员大都是下岗失业人员、农村进城务工子弟等，还能够在一定程度上解决这部分人的就业难题，提高中低收入者的生活水平。

四、依托于社区服务

我国的社区服务实践活动是由民政部原部长崔乃夫于20世纪80年代中期倡导实施的，1984年的漳州会议中，明确了“社会福利社会办”的工作方针，改变社会福利原先由国家包办的现状，转变为由政府、集体、公民个人共同承担的局面。1989年民政部召开全国城市社区服务工作经验交流会后，全国大范围内普遍开展社区服务，各地区的社区服务建设如火如荼地开展起来了。同年12月，全国人大常委会委员一致表决通过了《中华人民共和国城市居民委员会组织法》，明确规定“居民委员会应当开展便民利民的社区服务活动”，这标志着社区服务在法律层面拥有了保障。1993年8月，中华人民共和国国家计划委员会、民政部等14个部委联合发布了有关社区发展的第一份政策性文件——《关于加快发展社区服务业的意见》，强调把社区服务业作为一个行业划归第三产业，其重要性和其他第三产业一样，关乎人民生活水平的提高和人口素质的提升。文件提出社区服务业要向着社会化、法制化、产业化的方向发展，到20世纪末，社区服务业年产值要以不低于13.6%的速度逐年增长。至今为止，社区服务业已经发展得比较完善，为社区居家养老模式打下了良好的基础。

五、基于民间组织的发展

民间组织就是非政府组织，在我国主要是指社会团体、民办非企业组织、草根性民间组织，还包括我们重点研究的提供养老服务的民办养老机构等。它们都要在民政部门进行合法登记，并受各级民政部门的管理监督。我国民间组织在改革开放以后便兴起和发展起来了，之后，随着经济体制的转型，政府管理理念逐渐由"大政府"的"大包全揽"到"小政府，大社会"的自由市场，越来越多的事务都需要民间组织与政府齐心合力，攻克难关。社会团体于20世纪90年代后期得到了空前的发展，到目前为止，全国各种社会团体和民办非企业单位已经超过了90万个，成为社会主义社会前进发展中必不可少的力量。同样，民间养老机构的发展，为社区居家养老服务模式的实行奠定了可靠的基础，提供了大量的护理人员及专业化的服务，这对减轻国家养老压力有着非常重大的意义。我国主张"社会福利社会化"，即国外所说的"社会福利私营化"，国家的责任是有限的，资金和能力也是有限的，在养老压力很大的今天，逐渐将社区照顾的任务分摊给社会民间组织和民营养老机构，将有助于节省政府开支，提高资金的利用率。引入竞争机制后，还可提高机构的成本效益，同时可满足不同老年人对养老服务需求的多样化、个性化需要，可谓一举多得。

第二节　我国城市社区居家养老的必要性分析

在我国实行城市社区居家养老的模式，符合多数老年人的意愿，利于政府启动，可持续操作，同时能增进就业和促进服务业的发展，可谓是应对多样化养老需求，提高老年人生活幸福指数的养老模式，基于上述诸多优点，社区居家养老模式在我国具有落实和践行的必要性。

一、养老现状堪忧

社区居家养老是符合大多数老年人意愿，且优于传统的家庭养老和机构养老，是适合中国国情的养老模式。就国际而言，选择社区居家养老模式的老年人占全体老年人的比例在日本高达98.6%，美国为96.3%，瑞典96.2%，英国95%，新加坡94%，而赞同机构养老的比例较低，美国为3.7%，瑞典为4.8%，英国为4.6%。中国也不例外，社区居家养老可以让老年人在自己熟悉的环境中享受到照料服务，颐养天年，所以受到了大多数老年人的肯定和欢迎。如今，伴随计划生育政策出现的"421"家庭越来越多，加之高龄、空巢、失能老人的增加，传统的家庭养老难以充分保障老年人的需求。另外，机构养老也面临着诸多挑战，无法解决多数老年人的养老问题。仅就床位而言，目前我国每千名老人仅拥有床位17张，远远低于发达国家的50张，甚至连一些发展中国家都比不上。虽然国家制定目标，到2021年年底争取达到每千名老人可以享用30~40张床位，其中护理型床位比例不低于30%，但这远远满足不了需要。可见，社区居家养老可以集合机构养老的统一服务和家庭养老的亲情优势，是现代养老的必然选择。

二、节省政府资金

社区居家养老服务便于启动、费用较低、财政负担小，利于政府的资金投入和政策执行的可持续性。民政部门于1999年启动了"全国城市社区建设实验区"工程，2000年国务院办公厅转发了《民政部关于在全国推进城市社区建设的意见》，从此城市社区建设便在全国范围内开展起来。经过这么多年的努力建设，我国社区已经具备一定的规模，设施也比较齐全，因此以社区为载体的居家养老模式的推广可以为政府节省大量修建养老院、购置养老设备的资金。社区居家养老服务的花费主要体现在为劳务人员支付工资上，而这部分支出相对来说也不会高。因此在我国推行社区居家养老模式是一种最经济可行的选择。

三、促进社会就业

社区居家养老模式的践行，可以增进就业和促进新型服务业的发展。第七次全国人口普查数据显示，我国 60 岁及以上人口已经达到 2.64 亿，其中 1.8 亿以上的老年人患有慢性病，患有一种以上慢性病的比例高达 75%，失能和半失能老年人约 4200 万人，而当前的养老服务队伍却不足 30 万人，可见养老服务人员极度缺乏，社区居家养老的发展需要更多劳动力的参与。比如，需要引进掌握了现代管理理念和经验的管理人才；需要引进更多懂护理知识和有医学常识的人员，为老年人调整心理状态需要心理咨询师，等等。由此可见，社区居家养老服务是一个产业，需要很多具备专业知识的各行各业的人才，在解决老年人养老问题的同时，也创造出了许多就业岗位，无形中促进了国家经济的发展。

四、老年人需求多样化

提供各种社区居家养老服务，不仅可以应对多样化的养老需求，还能够增加老年人晚年生活的幸福指数。当前，老年人对各种服务需求逐渐增多，包括老年人的正常生活需求、安全需求、身体健康护理需求、求知和自我价值实现的需求等。我们在社区里应该提供多样化全方位的养老服务，包括健康服务——家庭护理、康复、检查、住院照料等，满足老年人预防、治疗疾病和临终关怀等需求；日常生活服务——家政服务、家电维修、老年餐桌或免费送餐服务等；精神生活服务——开展文体娱乐活动、免费心理咨询、陪同聊天和外出等，满足老年人心理健康、自我价值实现等需求。这样一来，老年人在社区里生活得才会更加开心、幸福。

第三节 农村居家养老服务的供需现状

伴随着农村老年化的浪潮，社会转型导致农村家庭养老功能逐渐弱化，从农业劳动中撤离出来的老年人缺乏必要的经济支持，又面临着生活、医疗成本的不断上涨，晚年对养老服务的需求随着身体机能的弱化显得越来越强烈，并且这种需求表现出多样性、专业化特征。然而，目前居家养老服务并不能满足农村老年人及家庭照料者的需求，同时存在服务利用率不高的现象。

一、供给现状分析

（1）相关政策供给现状

我国老龄化速度相当快，在现有社会保障水平及城乡二元结构下，我国农村养老形势相当严峻。

2011—2015年，国务院办公厅先后出台有关文件对养老服务体系建立、养老服务业发展、养老与医疗体系协同建设等问题提出宏观上的指导意见。建立以经济困难、孤寡、失去自理能力等特殊弱势老年群体为重点的养老服务体系，在推进城乡一体化建设中，通过政策激励，引导官方、非官方社会机构参与到居家养老服务中来。在养老服务业的发展上，以政府购买、民间资本运营为主，鼓励BOT（建设—经营—转让）、BT（建设—移交）等政府与企业合作模式在养老服务业发展上的应用。除通过引入市场机制完善养老服务资源配置外，政府逐渐重视公共卫生领域的老龄健康问题。在养老与医疗体系协同构建上，鼓励医疗和养老服务的有机结合，关注老年人的健康问题，通过专业护理人员、理疗机构员工进入家中为老人诊治、照看、护理等缓解我国医疗资源紧张、养老资源不足的问题。

2015年财政部等四部门在政府购买养老服务中提出应优先购买生活照料、康复护理等老人需求的重点服务，促进购买与需求的对接。2015年民政部公布的数据显示，社区居家养老服务的质量与水平显著提高，日间照料床位数比 2010 年翻了 50 倍，持证社工人数突破了 20 万。构建以社区为平台，符合农村实际的社区居家养老模式，因地制宜地在一些农村地区开展试点并逐渐推广。

这一系列政策的出台有效推进了农村居家养老服务的发展，但从政策支持上看，国家部委在宏观层面上的政策较多，地方政府层面关于农村居家养老服务发展的可行政策较少。从政策实施结果上来看，我国居家养老机构表现为东西分布不均、城乡分布不均、经济发达地区和经济落后地区分布不均的现状。

（2）农村居家养老服务模式现状

社会转型导致家庭养老功能逐渐弱化，农村老年化程度高于城镇水平，技术革新带来各种生活、医疗成本的不断上升，农村老年人对医疗康复、日常照料的服务需求增多，面对严峻的农村养老形势，多地在国家政策引领下，依据当地实际，开展农村居家养老服务。农村居家养老服务，主要有以下四种方式。

第一种是志愿者组成的非正式服务网络和老人间的互助养老方式。农村老年人所具备的互助与共济的基本特征，让互助养老有了基础和前提条件。农村几位老年人围在一起下棋，几位老奶奶在屋外晒晒太阳、聊聊天，都是一种互助式养老的体现，在子女外出打工，晚年精神世界贫乏时，老人们通过相互唠嗑来排忧解难。一些地方采取的“时间银行”养老储蓄模式也是一种互助式养老，都是秉承着助人自助的价值理念，低龄的老年人通过帮助其他老人而储蓄养老资本，在自己需要的时候可以提取相同时间的养老服务。志愿者的选取遵循就近、自愿的原则，优先选择有耐心、有爱心、有相关专业能力的人员作为邻里互助志愿者。

第二种是政府通过市场化的运作，委托其他机构提供居家养老服务，政府做好相关管理、评估等工作。购买方式有两种，一种是政府通过对养老机构进行税收优惠以及相关政策扶持，由养老机构直接以低偿或者无偿的方式向老人提供养老服务；另一种是政府通过向高龄老年人、孤寡老年人、失能老年人等特殊群体提供购买券或者给予他们在消费后一定比例的报销款，使老年人可以按照自己的需求和意愿自行选择养老服务。

第三种是“医养结合”的养老方式，将救治与养护相结合。老年人随着年龄增长，身体机能逐渐退化，对医疗、康复、护理的需求增加，一些地区的决策者使居家养老服务中心与村卫生室在地理位置上尽量靠近，县级医院也对村卫生室进行帮扶，有效提升了农村医疗水平。随着生活水平的提升，农村老年人对健康的关注增多，村委会定期邀请专家向老年群体进行健康知识普及，包括膳食、起居作息、生活习惯等方面，对高血压、老年痴呆、糖尿病等老年常见病进行积极防治。

第四种是智慧养老方式。借助先进的IT技术手段，将居家老年人的传感网络与信息平台相结合，提供及时、便捷、高效、低成本的养老服务。它具有将互联网、物联网和智能传感网络连接在一起的特点。可以将老年人的养老需求在一个供需平台上发布，养老服务人员或志愿者会在第一时间看到需求并给予回复，约定服务时间，避免出现中介组织对养老服务进行分派而产生服务不及时的现象。借助地面传感器，压力超过正常值时表明老年人存在跌倒等特殊情况，医护工作者能够及时赶到，防止老年人就诊不及时；借助手腕式血压计、内置定位系统的手表等对老年人进行身体体征实时监测与追踪，避免一些失忆症老年人走失。物联网“智慧养老”的体贴入微之处还表现在家庭中的水管如果一天没有出水，报警系统就会呼叫服务中心，有专人向老年人拨打电话询问老年人情况。

虽然政府主导并出台相关的政策扶持，有些农村也给予响应，积极推行农村居家养老服务。但是农村老年人对现有的养老服务供给现状并不满意，在养老服务供给内容上，存在不分轻重缓急，没有更好地契合老年人急需的医疗护理和日常生活照料需求。养老服务的供给也呈现出非专业化特征，无法满足老年人对医疗护理等服务的需求。这也导致在需求量大且多样化的情况下，却产生了居家养老服务使用频率并不高的现象。与此同时，农村居家养老服务由于缺少专项财政支撑而缺乏稳定性。

二、需求现状分析

（1）家庭养老的需求现状

受中国农村的文化传统、社会结构和经济发展水平的影响，家庭作为居家养老服务的供给主体之一，发挥着主要功能。在家庭中，如果老年人自身或者子女能够满足老人在日常生活照料、经济供给和精神慰藉方面的需求，农村老年人会首选家庭养老。只有当家庭照料者无法满足老年人养老需求时，农村老年人出于无奈才会选择向家庭之外的供给主体寻求帮扶。

在今后相当长的一段时间里，农村老年人依然会首选家庭作为养老供给主体，当然我们不能忽视在广大农村四代同堂的家庭已经很少，农村的家庭规模在计划生育政策以及子女们思想观念的转变下逐渐缩小，但农村家庭所具备的互助与共济的基本特征依然不会改变，农村老年人在选择养老方式上依然与这种互助与共济的基本特征紧密联系。当然我们也要注意到，随着城镇化的推进，生产方式的改变，越来越多的农村子女选择背井离乡、外出务工，谋求生计，农村老年人与子女分开生活，这必然会造成老年人在日常照料和精神慰藉方面得不到满足或者满意度降低。

（2）专业化养老服务的需求现状

在中国推进城镇化进程之前，农村子女对老年人的赡养是一种规律性的代际回馈，这与中国的传统文化以及亲戚、邻里以及村落中的道德舆论是分不开的，随着城镇化进程的推进，子女面临着更多的生活选择，一些老年人的子女选择进城务工，导致农村子女相对缩减养老资源供给，农村老年人晚年的需求无法从家庭中得到充分满足。

随着农村老年人的身体机能逐渐退化，除家庭养老能够供给的日常照料、经济供给和精神慰藉之外，老年人对专业化的机构护理以及医疗保健有着极大的需求，尤其是对失能或半失能的农村老年人的日常照料、护理往往成了家中的负担，对一些子女不在身边的老年人来说，日常采购、饮食、卫生等生活照料都会让他们力不从心，老年人和子女都面临两难的尴尬境地。

在一次民意调查中，当被调查的老年人了解了居家养老服务后，有97.1%的老年人都选择需要农村居家养老服务。由此可见，大部分农村老年人非常认同且需要养老服务，只是由于养老金水平低、养老资金来源不稳定等原因而缺乏购买养老服务的能力。

（3）购买农村居家养老服务现状

农村贫困人口统计中，农村老年人在贫困人口中占据了相当大的比重，有些连温饱的需求都得不到满足，更不用说对居家养老服务的需求。

随着家庭养老功能弱化，老年人自身的身体机能逐渐退化，农村老年人对居家养老服务的需求与日俱增。生活水平的提高和思想认识的提升使老年人对晚年生活质量有了新的要求，除对日常照料有需求外，对专业化的医疗护理保健服务也有极大的需求，这体现了需求的多样性与专业化倾向。而农村老年人由于消费观念落后，对居家养老服务愿意支付的价格偏低，他们认为政府理所应当地承担起居家养老服务的供给责任。在农村老年人及家庭赡养者支付能力不足以及支付意愿不强的前提下，对农村居家养老服务的隐性需求缺乏转换为显性需求（本书所指显性需求为农村老年人及家庭赡养者已经意识到、经济条件允许且准备购买居家养老服务的有效需求，隐性需求则与之相反）的前提。

三、存在的问题

（1）农村居家养老服务供给主体单一

家庭依然在农村居家养老服务供给中处于核心位置，它所提供的亲情关怀是任何服务机构或他人无法替代的。但是随着农村家庭规模的小型化，农村子女外出创业或打工减少了照顾老年人的家庭主力军，家庭养老功能逐渐弱化。

我国农村居家养老服务的推进主体不明确，有全国老龄工作委员会办公室主导，也有民政局统领，其他部门协同推进，与之相对应的职责分工也没有清晰划定。农村居家养老服务需要一个由政府、市场和家庭协同配合的支持网络，它涉及方方面面、纷繁复杂的工作，职责不明、权限不分将会导致农村居家养老服务的资源供给不均、管理体系不完善，老年人养老的需求得不到满足。市场作为推进农村居家养老服务的供给主体之一，是配置市场资源的优势力量，但政策的扶持力度以及与之相对应的社会组织激励不足。政府的计划性供给服务倾向严重，导致一些供给主体权责不对等，民政部门对特殊老龄群体的救助、社会组织的专业化养老服务等形不成有效合力，政府推进农村居家养老服务主张以社区为平台，但是社区建设在农村尚未形成气候，难以挖掘和整合农村现有资源，市场才能对资源进行最佳配置，而我国农村这个贫瘠的土壤很难吸引社会组织生根发芽。

（2）农村居家养老服务供给内容与需求不匹配

由于医疗资源城乡分配不均，农村老年人面临医疗救助及康复护理资源短缺的现状。农村老年人倾向于选择包含医疗救助和康复护理的服务项目，养老需求逐渐倾向于专业化。然而在农村居家养老服务供给方面，没有能够切合老年人更为紧需的医疗护理类需求和日常生活照料类需求，存在不分轻重缓急的现象。例如，有些养老场所设备简陋，缺乏适用性，在设备选择时未考虑老年人的特殊需求；养老机构由于交通不畅、位置偏远等因素导致服务利用率不足；老年食堂、日托照料中心、康复护理中心等老年人急需的服务设施短缺。

服务的供给也呈现出非专业化特征，老年人对养老服务的供给现状并不太满意，家庭照顾者也缺乏专业养老护理知识与技能。农村居家养老服务的对象是农村 60 岁及以上的老年群体，他们多是文化程度低、语言沟通不顺畅、慢性病缠身、失能与半失能群体，由于缺乏有效沟通和专业化的服务技能，居家养老服务就很难开展。农村居家养老服务多是由村委会推进的，由于缺乏相应的人力资源管理能力，对专业服务人员的“留下来”并“留得住”的吸引力不足。而且居家养老服务多是薪资比较低、体力活居多、工作内容繁杂且工作量大的岗位，在农村多数人的思想里被认为是“保姆”的职业，这就导致一些社会工作者缺乏下乡意愿。

目前农村居家养老服务的一线人员多是四五十岁的当地农村女性，主要凭借生活经验提供服务，这直接影响了居家养老服务的供给效率和农村老年人对服务的满意度。目前，高校很少开设居家养老服务管理相关专业，居家养老服务管理人员多是一些非正规的成人教育出身，很难应对农村庞大的居家养老服务需求，而居家养老服务管理人才的缺乏除了影响居家养老服务的管理效能之外，也进一步导致专业社工的招录难，留下更难的现象。

除服务供给的专业程度不足之外，农村居家养老服务供给内容较少涉及家庭照料者。研究发现，成年家庭照料者有着不同程度的思想负担，包括精神疲惫、经常感到忧虑、心理压力大和情绪烦躁等。在客观方面，由于照料使其社会参与性降低，引起人际关系相对淡化，有的甚至引发家庭不和谐问题，照料者的体力透支也是很普遍的现象。并且自身已步入老年的照料者照料高龄父母，面临诸如精神压力和体力透支等极有可能加大照料者的健康风险。代际叠加将加重成年照料者的养老负担，这在农村表现得极为明显。

（3）农村居家养老服务的显性需求不足

很多老人或家庭成员对农村居家养老服务并不了解，即使了解，由于支付能力不足也造成了隐性需求难以转化为显性需求。养老政策实施了很长一段时间，仍有很多老人对服务的认知不足。如：不知自己是否属于服务的低偿或无偿供给对象，不知如何申请，不知服务范围是什么等。有的农村老年人并未意识到居家养老服务对改善晚年生活质量的必要性。农村老年人由于信息不对称，缺乏思想沟通，不知晓或不了解通过购买居家养老服务能够不再成为家庭照料者外出劳作的束缚者，自身也不再觉得自己是累赘，心灵上可得到疏导，家庭矛盾可以得到缓解，一定程度上帮助解决了困扰老人的难题。

在农村家庭结构核心化和农村老龄化趋势严重的形势下，农村老年人的养老观念也出现转变，部分农村老年人对社会化的养老服务具备需求意愿，然而农村老年人由于缺乏劳动或资产性收入，晚年人均收入低于农村平均水平，由于收入水平偏低，农村老年人需求意愿被压缩。当下我国农村社会保障制度还不健全，农村老年人年事已高，身体机能的降低使他们晚年在医疗康复和日常生活等方面风险加大，面临诸多的不确定性，老年人倾向于节俭的生活、储蓄养老钱，使他们在居家养老服务支付意愿方面更加保守，不肯把钱用来购买服务。

综上所述，居家养老服务的供给目前既无法满足农村老年人及家庭照料者的需求，又存在服务利用率不高的现象。这一矛盾产生的核心在于目前由政府主导提供的居家养老服务并未得到充分利用。从服务供给方来看，存在着资源浪费、利用率不高的问题，从服务需求方来看，存在着居家养老的服务需求得不到满足的问题。

第四章

国内外居家养老社区管理模式分析

第一节 国外模式的实践与经验

一、美国模式

2020年，美国65岁以上老年人占总人口的16.63%，预计到2030年，这一比例将增长到20%。美国人没有“养儿防老”的传统观念，美国也没有法律规定成年子女有赡养其父母的义务，因此，美国的养老保障体系实际上主要由社会、工作单位和个人共同构成。

美国老人可以选择的生活方式多种多样。一是传统的护理院：这类护理院要有政府颁发的执照并要在政府的监督管理下运行，能够得到相关的补偿，例如，医疗保险机构的补偿和公共医疗补助制度的补偿。在护理院里居住的老年人通常有严重的行为障碍，生活不能自理。二是老年护理中心：护理中心由各州和当地政府监管，根据当地具体情况可以有不同标准，主要目的是协助老年人的生活。这类护理中心也是完全自费的，是在市场需求下应运而生的。三是社区居家养老：美国的社区功能比较完善，一般都具备很好的助老功能。美国老年人可以在社区内享受各种服务，从而不必远离家门就可以过上舒服、安逸的晚年生活。老年人可以根据自己的收入情况支付费用，如果收入较低，其中的差额部分一方面可以由联邦政府的财政进行补贴，另一方面可以由社会捐赠进行补充。

美国的社区居家养老方式也有多种：一是称之为“退休之家”的全托制的养老服务。“退休之家”设施完备齐全，从休闲健身到学习，从一般医务室到紧急呼叫系统，包括健身房、图书馆、洗衣房、计算机室等，一应俱全。其服务也涵盖多个方面，如日常三餐、房间打扫、外出日程安排等，老年人在这里可以享受到周到、贴心的服务。二是具有较多灵活性的“托老中心”。“托老中心”是日托制的，老年人白天可以在中心生活，晚上则可以回家休息。在中心，老年人不用担心一天的饮食问题，还可结交志同道合的朋友，可读书看报，也可以娱乐健身。三是“互助养老”。这种方式是让老年人自由组合成小组，可以两人或更多人，大家相互帮助，相互养老。四是上门服务。老年人可以选择居住在家中，如果有需求，可以预约或者临时要求提供上门服务，这样可以便利他们的日常生活。美国的“居家养老院”是目前世界上最大的非营利组织，有5000多个社区分支机构遍布于美国的50个州，其义工队伍非常庞大，每天有上百万名义工为老年人提供上门服务。

目前，一种更全面的社区互助式的养老方式在美国应运而生，称为老年互助社区，是由社区组织的，其服务对象是社区内需要帮助的老年人，社区由这些老年人联合管理、经营。大部分的老年互助社区会接收社会的捐款和资助，也会收取一定的费用。老年人在生活上的困难由义工帮忙解决，这样老年人足不出户就可以享受到贴心服务。提供养老服务的义工们很多都是刚从工作岗位上退休的老年人，这些老年人相对来说是“年轻体壮”的。这种“以老养老”的方式既可让老年人在家里享受生活便利，收费又不高，很受老年人的欢迎。

总的来说，美国的社区居家养老有这样几个特点：一是有健全的社会养老服务体系。二是社区的建造理念符合老年人的需求。三是社区居家养老服务队伍具备专业素养。四是养老社区能够提供优质的服务，让老年人无后顾之忧。五是社区有着丰富的娱乐、文化活动，能够满足老年人的精神需求。

二、英国模式

在英国，社区照顾的概念出现在第二次世界大战之后，直到1990年，随着全民健康服务与社会照顾法令的正式颁布，社区照顾才正式公布于众。社区照顾最初指“在社区照顾”，这种照顾方式是在政府的直接干预下形成，并由制度和法律体系规范，其目的是希望那些长期住在医院的患者，或者由大型专业服务机构照顾的对象回到社区生活。“在社区照顾”的资源主要来自社区内的较小规模的养老机构，此外还有正式和非正式渠道所提供的帮助。其后，“在社区照顾”慢慢演变为“由社区照顾”，其目的在于增加非正式渠道的照顾资源，这种方式没有政府的直接干预，而是主要由血缘关系或道德观念约束，是一种非规范性的养老行为。“由社区照顾”的资源一部分来自地方政府和营利组织，另一部分来自社区居民、志愿组织、慈善机构和家人。“在社区照顾”是从社会福利、补救性角度来服务老年人，“由社区照顾”是整合多种资源从预防的角度来服务老年人。英国的社区照顾经过多年的发展和不断完善而日趋成熟，形成了可供全世界借鉴的养老服务模式，它具有以下几个显著特点。

（1）监督、管理体系完善

英国社区照顾由政府主导、社会参与，进行市场化操作，其中社区是基础，专业服务机构提供服务。政府和民众共同管理，社区的工作人员各司其职，管理人员负责社区整体的管理，关键工作人员负责日常运作，照顾人员负责提供服务。这种管理模式减轻了政府的负担，把一部分原本由政府承担的责任转移到了社会机构。而政府主要是对社区服务机构进行监督和约束，服务机构在政府监管下运行，如若违反了相关合同约定，就要承担相应的法律责任。政府会定期检查服务机构的人员培训情况、服务标准和价格，以及配套服务设施。由于社区可以接受资助，也会受到资金提供者的监督。

（2）服务体系全面

英国社区照顾模式拥有全方位的服务体系，给予老年人生活上、物质上、心理上的照顾和关怀。在生活照料方面，根据老年人的具体情况提供不同的服务。对于能生活自理并住在家里的老年人，可以提供居家养老服务，包括上门做饭、打扫卫生、洗衣、理发、洗澡、代为购物、陪同看病等。服务人员既有政府雇员也有志愿服务者，其服务有的是免费的，有的只需很低的费用。对于卧病在床、生活不能自理的老年人，可以提供家庭照顾服务，老年人在家接受家人、亲属、朋友全面的照顾，政府提供津贴。老年人也可以选择住在老年公寓，公寓内生活设施齐全，包括求助系统，老年人可以在紧急情况下使用。社区还提供暂托所，老年人可以在家人不在家时在暂托所生活，由工作人员代为照顾。在物质支援方面，老年人可以享受到政府的各种优惠政策，包括电费、电话费、取暖费，还可以得到税收减免。在心理支持方面，保健医生可以上门为老年人传授养生方法、为老年人看病，家庭护士可以上门为老年人护理、换药等。此外，政府还为老年人提供多种特殊服务，包括视力、听力、牙齿甚至精神等。在整体关怀方面，政府出资改善老人的生活环境，建立可供娱乐、社交的场所。调动社会资源，人们自发组织起来和老年人一起度过休息日。英国社区照顾的服务队伍是专业化的，大多数服务人员都经过专业的职业培训，具备照顾老年人所需的专业技能，能够满足老年人多方面的需求。

（3）社会参与度高

英国参加社区照顾的人员范围广泛，从青少年到老年人，从普通公民到议会议员，他们都积极地加入社区义工队伍中，为社区的养老事业贡献自己的一份力量。此外，触犯法律的人在表现良好的情况下也可以到社区内从事公益劳动，可以当作对罪犯的一种感化手段。

总之，英国成功的社区照顾经验给我国的社区居家养老事业提供了重要的借鉴，政府在养老服务事业中要始终坚持主导作用；要建立起完善的监督机制；要充分调动社会各方面的力量，鼓励他们积极参与到养老事业中；要建设专业化的养老服务队伍，确保服务质量。

三、日本模式

日本的人口老龄化问题非常严重。一直以来，日本的老龄人口比例持续上升且高龄老年人数量也在不断增加。日本政府根据具体情况积极探索养老服务模式，不断地调整和完善相关政策，创立了很多社区居家养老服务机构。这些机构集医疗、护理、康复、养老于一体，功能丰富多样、安全快捷、舒适休闲。

社区居家养老服务以生活在社区内的老年人为服务对象，社区成员之间相互服务，解决本社区的养老服务问题。日本的社区居家养老服务具有以下几个特点。

（1）法律和政策体系完善

日本制定和出台了多部关于社区居家养老的法律和政策，这些文件支持和保障了日本社区居家养老服务的顺利开展。日本2000年出台的《介护保险法》对于老年人的社区居家养老有着重要的意义。为了解决人们年老后的看护养老问题，这部法律规定公民年满40周岁后都要缴纳看护保险费，以后的养老问题由地方政府保障。如果公民希望得到社会护理，就可以向当地政府递交护理申请，相关管理机构进行调查确认需要护理的程度后，便会按规定批准一定的保险费用。公民可以用这笔费用按自己的意愿选择服务机构。这种方式可以充分调动社会各方面的力量和资源，既减轻了政府的财政负担又满足了老年人的需求，同时引进了市场机制，提高了服务质量和效率。

（2）组织形式多样化

目前，日本主要有四种社区居家养老组织形式：一是以政府为主导，政府和民政人员共同参与组成服务人员；二是民间组织，由政府资助；三是志愿者组织，主要由家人、大学生等组成；四是养老服务企业。

（3）服务内容丰富

有了政策和法律的保障及政府的大力支持，日本的社区居家养老服务得到了全面的发展，充分调动社会资源，融合多方面力量。根据老人的身体状况提供不同的服务，在服务内容方面有保健、医疗等，在服务方式上有上门服务、托老服务和长期服务。有了这些服务的保障，老年人不用远离家庭，在家里和社区就可以安享晚年。

日本的社区居家养老服务对我国的社区居家养老体系的建设也有很重要的借鉴意义。首先，政府要建立、完善相关的法律和政策来全面支持社区居家养老服务。政策和法律是基础，是支柱，是坚强的后盾，可以指导和推动社区居家养老服务体系的建设。其次，调动社会各方力量参与社区居家养老服务，形成全社会协同养老的局面。不同社会主体可协同服务，政府、企业、民间机构都可以参与其中，既可以扩大资金渠道，又可以相互监督。再次，要建立多层次的服务体系来满足不同群体的需求。根据老年人的身体状况、年龄和文化水平来制定相应的服务内容。最后，加强服务队伍的建设，提高服务人员的水平。服务人员的素质是服务质量的保障，既要注重对专业服务人员的培养，又要做好对志愿服务人员的培训工作。

四、经验借鉴

我国的社区居家养老相对来说比较落后，公民的养老观念普遍比较传统和陈旧。大多数人“依赖”观念比较重，只想依靠政府和社会资助，这种方式不是长久之计。社区居家养老的组织性差、参与度低，资金来源渠道少，服务内容单一，设备、设施陈旧，服务人员素质参差不齐，没有充分调动社会力量。这些都是我国目前社区居家养老中存在的问题，借鉴发达国家和地区的社区居家养老经验，我们可以在以下方面进行改善。

发挥政府的主导作用，制定和完善有关社区居家养老的政策和法规，对老年人在法律上给予保护。此外，政府要加强和社区的合作，要依托社区，给予社区更多的便利和自主权。同时，政府要鼓励民间非营利机构参与。

扩大养老的资金来源渠道，促进社区居家养老市场化。政府的资金投入有限，很多社区资金严重不足。因此，必须充分调动各方社会资源，不但可以接受个人和民间组织捐款，更要鼓励民间资本的加入，从而促进养老事业公益化和商业化的结合。

提倡社区互助，增强社区凝聚力，大家共同努力承担社区居家养老的责任。此外，鼓励老年人发挥余热，让老年人适当参与到社区的养老建设中去，这既肯定了老年人的价值，也促进了老年人精神、身体上的活跃。再者，因人而异，根据不同老年人的需求提供有针对性的特色服务。

打造专业的服务队伍，加强志愿者服务队伍的建设。老年人的养老需求比较多样化，包括心理、保健、医疗等多个方面，因此需要专业的人才提供专业的服务。此外，对于志愿者也需要进行相关专业知识的培训，使他们能够更好地发挥作用。

第二节　国内典型模式分析与比较

一、家庭养老模式

所谓养老方式上的区别，最主要就在于养老资源提供方的不同。家庭养老区别于其他养老方式的一大特色就是，它的养老资源提供者是老年人的子女，老年人在身强力壮的时候抚养自己的孩子，相当于定期缴纳了养老保险金，随着子女的成长，其投入的资金也在保值增值，到父母年老的时候，子女再出钱照顾父母，为父母看病就医等，相当于养老金的支付，直至父母离世。这是一个完整的养老运行机制，也是中华民族延续了几千年的传统伦理孝道，符合国民的道德修养和社会主义核心价值观的要求，是我们一贯推崇和坚持的养老模式，也是老年人所喜好和企盼的养老模式，是一种子女“反哺式”的养老供给，它可以规避社会养老出现的各种不利情形，和子女在一起，让老年人在精神方面有所寄托，在增加归属感的同时，生活也变得更加幸福多姿。然而，随着社会化转型和经济发展，这种养老模式在当下却面临着各种危机。一方面，随着人口红利的逐渐消失，我国慢慢步入深度老龄化社会，老年人的数量逐年增多，高龄、失能、空巢、留守老人剧增，年轻人的养老负担加重；另一方面，由于计划生育政策，年轻人的数量相对于老年人越来越少，有些双独生子女家庭普遍面临着“421”的养老压力，甚至还有一些“8421”的家庭，即两个独生子女结为夫妻，要赡养双方父母、双方祖父母，还要养育自己的孩子，这样的家庭负担对于普通工薪阶层来说是难以承受的，加之许多年轻人为了生计，被迫长期在外打工，生活成本和生活压力本来就大，再加上养老这一沉重的负担，更是力不从心。

二、机构养老模式

机构养老的形式有公立、私立养老院以及各种老年公寓等，它更适合喜欢集体生活的老年人，尤其是无儿无女、无人陪伴的老年人，因为这种养老模式将老年人与子女分开，违背了多数老年人的意愿，使老年人不能享受承欢膝下的天伦之乐，因此不是大部分老年人的第一养老选择。除此之外，这种养老模式也有着自身的问题，譬如许多公立养老机构床位不足，私立养老院却因为收费过高而出现空床的现象，这种养老模式的内在供需失衡将大多数老年人拒之门外，使机构养老成为“奢侈品”；各种养老机构的护理人员水平及道德素养参差不齐，在服务舒适度与子女看望的便利性方面存在严重差异，而且大多数养老院在进入门槛设置上，又要求老年人多半可以自理，不太接收完全失能的老年人，形成歧视性的隐性准入原则，使一部分急需照顾的失能老人接受不到良好的服务。

三、社区居家养老模式

2006 年 2 月，全国老龄委办公室与发展改革委等部门发布的《关于加快发展养老服务业的意见》中提出“逐步建立和完善以居家养老为基础、社区服务为依托、机构养老为补充的服务体系”，这是第一次以官方文本的形式正式确立“社区居家养老”这一极具中国特色的养老模式。“居家养老”这一概念具有四层内涵：第一，具有物质和精神养老双重内涵的新型家庭是居家养老的主要载体；第二，居家养老这一服务方式的兴起需要比较完善的社会保障体系和发达的经济水平；第三，居家养老服务的主要阵地虽是社区，但它需要政府、社会组织、家庭、志愿者等共同提供养老服务；第四，居家养老服务的内容包括老年人的生活照顾、健康医疗照顾、精神疏通、法律援助等。

2012 年 7 月，由全国老龄工作委员会办公室发布的《2011 年度中国老龄事业发展统计公报》显示，老年人选择在机构养老的意愿整体都在下降。老年人“养老不离家”的愿望越发强烈，社区居家养老现如今已然成为老年人的首选，是未来养老模式的主流趋势。社区居家养老模式，是在突破传统家庭养老和机构养老弊端的基础上发展起来的，它是以社区为依托，利用和整合社区现有的可利用的环境、设施等养老资源，通过建立社区日间照料中心等，让老年人可以足不出小区就可享受到家政服务、医疗救助以及精神慰藉等关怀。这种养老模式集合了家庭养老的优势，满足了老年人在原有熟悉的家庭、社区、人际网里养老的意愿，又同时避开了机构养老床位不足的缺陷，并且运行成本低，社区现有的可供养老用的资源已经很多了，一些身体仍然较好的老年人甚至也可照顾周围的老年人，可减轻社区部分养老负担。总之，社区居家养老是可以广泛推行，有远大光明前途的。但是，任何事物的诞生及其发展都各有利弊，我们要用辩证的眼光来看待，社区居家养老也存在固有的缺陷，譬如，养老服务人员缺乏，尤其是专业护理人员数量严重不足且技术水平低下，社区缺乏足够的资金，养老志愿者数量较少等，这些都是未来需要改进的地方。

第三节　实践模式

一、上海浦东新区模式

上海浦东新区的社区居家养老模式实例为我国其他城市的发展提供了良好的借鉴和范式。由于家庭规模的逐渐缩小，老年人口占家庭成员的比例升高，又加上传统的机构养老不能满足绝大多数老年人的生活照料需求，这种社会化的养老供需失衡必须依照社会福利社会化的策略解决，单单依靠政府的力量是很难提供多样、足量的养老服务的。社会化进程中的问题应该通过社会化方式解决，社会福利理所当然也应社会化，由政府出面安排，出资购买，引入社会民间非营利组织进入社区，提供公共养老服务，缓解供需紧张的状况。社会民间非营利组织指在民政部门有登记，合法的民办非企业单位、非营利组织，不以营利为目的，适合成为政府的养老服务购买对象。此类社会民间非营利组织分为市、区（县）、街道（镇）三级，服务对象多为60周岁以上的生活不能自理或是可半自理的老年人，以老年养老服务中心、老年日间照料中心、助老服务社的形式出现，其中老年养老服务中心分为上门护理和日间照料两种。在社区居家养老探索实践中引入非营利组织可谓是上海浦东新区的一大特色工程，值得我们深入研究和探讨，为其他地区提供了示范作用。政府将养老服务外包给民间的非营利组织，符合多中心治理原则、福利多元主义以及新公共服务理论，带给人民群众切实的利益，而且民间组织一旦得到政府的扶持而蓬勃发展起来，能够创造更多的就业机会，尤其是可以一定程度上解决弱势群体的就业生计问题。非营利组织的非营利性，让它区别于一般的企业，在满足老年人需求的同时，也非常关心提供服务者的福利待遇，其就业岗位多招募社会下岗失业人群、进城务工的农民、伤残人士等，为社会稳定和国家社会保障事业的发展也尽到一份力。正因为有这么多的优势，国家应该多鼓励民间非营利组织的发展，降低准入标准，并提高补贴额度。同时，政府也要加强监管，严格要求，这样才能将其优势发挥得更充分、更到位。正如上海浦东新区那样，政府将非营利组织划归为自己管辖，用派出机构——街道办事处对其进行适当的控制，街道办事处负责任命非营利组织的主要管理人员，有着重大决策和任务的裁定权，非营利组织还要定期向其汇报工作内容和成效，受其监督和管辖。

二、广州模式

广州市是我国老龄化程度较高的城市之一，也是较早开展社区居家养老模式实践的城市，从2005年年初的原东山区试点，到2006年的海珠、天河、越秀、白云等七个区，再到2007年的全面铺开，广州市走出一条极具发展特色的新型社区居家养老模式的路子，值得我们学习和借鉴。无论是以荔湾区金花街为代表的社区服务中心运作型、以白云区松洲街为代表的民办养老机构运作型、以天河区员村街为代表的星光老年之家运作型，还是越秀区东湖街为代表的物业管理公司运作型，它们都有着共通之处，那就是政府在社区居家养老模式中所起的主导作用。政府逐渐退出服务提供者的角色，转变成服务提供的寻觅者和购买者，以及对服务质量和服务内容的监管者，摆正了政府与市场之间的关系。尤其是引入了竞争机制，管理社区内部的企事业单位如物业管理公司，只要服务质量到位，具有竞争优势，在平等的竞争环境下就可以胜出，担任服务提供者的角色，这样不仅利用其就近便利的地理位置优势，而且由于物业公司还比较了解住户信息，便于消化内部交易成本，提高服务的质量和效率，这种公平竞争的做法值得推广。另外，广州市的部分社区还非常注重老年人精神世界的充盈，完善社区医疗保健服务，积极开展各类老年健康知识讲座，普及有关老年疾病的预防和急救知识，做好老年人心理卫生咨询活动，通过现场开导或入户倾听的方式化解老年人精神方面的问题，为老年人的身心健康发展提供帮助和救护，给社区老年人实实在在的关怀。

三、天津模式

根据2020年第七次全国人口普查结果，天津市常住人口中60岁及以上人口为300.27万人，占天津市常住人口的21.66%，其中65岁及以上人口为204.57万人，占天津市常住人口的14.75%。面对这样严峻的养老形势，天津市已逐渐形成具有天津特色的社区居家养老服务模式，实现社区居家养老服务全覆盖。每个老年人都可以按需求找到适合自己的养老形式。现将其特色之处具体介绍如下。

（1）“服务券”计时模式

这种模式最初是在天津滨海新区于 2012 年 5 月起试行并推广的，试点期间的服务对象是失能、半失能、卧床不起的老年人，经过创新服务模式，政府取消了原来纯发放资金的救助形式，替换为发放服务券，每张服务券对应两个小时的贴心服务。根据老人身体失能状况，将其分为轻度、中度、重度三个等级，每月分别发放 15 张、18 张、21 张服务券，也就是 30 个、36 个、42 个小时的服务额度。当老年人需要被照顾时，一个电话便可以叫来服务人员，方便的同时也带来了服务效率的提高。这种服务具有一对一的针对性，单为某个老人提供特殊的养老服务，比如洗澡、翻身、做饭、打扫卫生、购物以及聊天等，这要根据老人的需要而定。为了使这种形式真正得到落实，获得成效，在提供服务之后可以做“售后回访”，通过电话或者上门访问的形式了解老年人对于服务的满意度，从而更好地提高服务质量。

（2）爱心门铃帮扶协议

爱心门铃帮扶协议就是驻社区企事业单位、楼长、邻里间签订一对一的结对子帮扶协议，需要照顾的老年人只需按响门铃或是电话求助，帮扶者就应尽心尽力为老年人服务，这不仅有利于减轻家庭养老压力，还有助于邻里关系的和谐融洽，形成互帮互助的道德风尚，体现着诚信友爱的天津精神。尤其是对于空巢、高龄老年人的养老问题，政府更是鼓励邻居或是社区志愿者进行结对帮扶行动，甚至低龄健康老年人可以和高龄空巢老年人结伴养老，实现高龄空巢老年人“白天有人照料、夜晚有人陪护”的目标。

（3）养老机构延伸服务——虚拟养老院

养老机构一般具有高素养、高技能的养老护理人员，但是众多老年人却因为有限的床位和高额的入住费用被拒之门外，为了更好地利用养老机构中的护理资源，天津市在 2012 年年底选取 4 家养老机构进行试点，机构的护理人员要进入社区，入户为需要服务的老年人提供专业化、高质量的服务。这在保证低收入老年人养老质量的同时，也迎合了老年人居家养老的需求，是一种很好的社区居家养老形式，值得提倡。该做法在2013年被列为天津市的20项民心工程之一，市政府一次性拨40万元供养老机构购置虚拟养老院所需的设备。除公立养老院外，一些民办的养老院也加入了提供虚拟养老业务的队伍中来，和平区第二劲松护养院便是其中之一。这家民办养老院的虚拟养老业务只针对特困、失能及空巢的老年人，在全和平区范围内进行入户护理、就医、心理慰藉以及助餐这四大类虚拟养老业务，并将其细分为七小项。例如，对于需要进行心理辅导疏通的个别老年人单独定期上门访问，时刻关注老年人的身体和心理的变化，及时给予心理慰藉，防止各种意外发生。对于每一位加入虚拟养老院的老年人在照料之前都要进行全面的身体和心理的检查，与养老机构内部的评价标准对应，制定有针对性的服务内容。经过努力，2012年，天津市和平区劲松助老福祉中心社区虚拟养老院被民政部确定为国家级试点项目，并得到拨款40万元，这是中央财政首次以资金形式支持社会组织参与社会服务。此外，市民政局也给每家向社区延伸养老服务的试点单位拨款10万元予以资助和鼓励。虚拟养老院拥有着美好发展前景的同时，也存在着一些问题，主要是资金和人力两个方面。虚拟养老院的人数有限，要想服务更多的老年人就必须招募更多的有专业素养的护理人员，这无疑会增加运营成本。由此，养老机构如何融资，可否进行一定的商业运作是个值得深思和探讨的话题。另外，天津市政府针对开展虚拟养老业务的养老院给予政策上的支持，如医保政策支持，对试点养老机构申请设立内部医疗机构的，卫生部门给予优先受理和审批；用工政策支持，对具有天津市户籍、与用工单位签订1年以上劳动合同、从事社区老年人护理工作的人员，按照1名服务人员护理5名老人计算，给予社会保险补贴、工资补贴；风险防范政策支持，为解决老年人在服务接受过程中出现的意外情况，将养老机构社区延伸服务所设立的虚拟床位纳入天津市养老机构意外伤害保险政策范围；购置设备支持，参与养老机构社区延伸服务的试点单位，提出养老机构社区延伸服务购置设备明细，由市福利彩票公益金给予一次性10万元的购置设备补贴。

四、比较分析

通过介绍上海浦东新区、广州、天津三地的社区居家养老模式，我们可以看出，它们的共同之处都是由政府主导、管理和监督，将养老服务提供者的重担转交给民间组织，主张社会福利社会化，并引入竞争机制，从而为老年人提供更优质的养老服务。不同之处在于上海主张将养老服务产业化，带动地区就业人口增多。广州更加注重满足老年人精神层面的需求，为老年人提供聊天、心理咨询等促进心理健康的服务。天津注重养老服务补贴的定向性，将现金补贴改为服务券形式，让养老服务更具有针对性，且提倡邻里互助，鼓励养老机构将服务延伸至社区——虚拟养老院。这些不同特色作为成功经验均可在全国因地制宜地进行推广，从而促进我国社区居家养老模式健康蓬勃发展。

第四节　问题与难点

一、融资难、法律法规不完善

政府在社区居家养老模式中有着主导性的地位和作用。主要体现在：管理职能——制定相关的政策和法规，规范配套制度；推进职能——加大资金投入，注重对企业、社会组织及社区居家养老服务提供者的政策激励；监督职能——制定详细的社区居家养老服务评估标准和体系，建立长效的监督机制，加强对从业人员护理水平的监管，加强对组织机构规范管理的监管；规划职能——从宏观上把握和规划社区居家养老服务体系的发展前景及政策目标，指引民间组织和机构朝着正确的方向努力前进。然而，政府职能也存在缺失和不到位的地方，譬如面临着资金筹集渠道窄、筹集量不足的问题，导致筹集来的资金用于社区居家养老服务上时捉襟见肘，严重阻碍了民间养老组织机构的发展，同时也阻碍了我国养老事业前进的步伐。对于老年人在社区居家养老中应享有的权益，国家并没有出台相关的法律法规予以明确，地方政府也存在法律空白区。政府体制内部存在多头管理现象，社区居家养老服务难以顺畅有效地开展。

二、服务内容相对单一

虽然我国的养老服务发展迅速，但享受社区居家养老服务的人多半是享受政府补贴的高龄、空巢、特困老年人，大多数普通老年人是享受不到这种多层次、全方位的个性化服务的。由此可知，社区居家养老覆盖的老年人数量较少，应该加强服务项目的宣传，扩大服务内容，从而吸引更多的老年人参与社区居家养老服务中来，这是我们追求的目标。另外，养老服务仍然停留在简单的生活照料和医疗救助服务层面，并未全面关注老年人精神层面的慰藉需求，服务内容相对单一，不能满足老年人日益增长的精神文化需要。

三、社区居家养老配套设施不健全

我国现行的社区居家养老模式是由政府主导出资发展起来的，部分资金由福彩事业资助，民间资本和社会捐助非常少。随着各地老年人口的日渐增长，单由政府出资已经很难惠及所有老年人，目前的养老资金更多地用在了帮扶那些特困老年群体，对老年人的精神生活以及社区内可以造福众多老年人的基础设施建设投入只能是杯水车薪。加上近些年房价上涨，“寸土寸金”，很多社区无法再拓展面积修建老年日间照料中心、托老所、老年餐厅等这些社区居家养老固定场所。此外，新建的社区在公共配套工程设计中也很少考虑到建设老年人生活所需的无障碍通道、防滑防摔等功能性设施。上述这些都是社区居家养老模式运行中亟待解决的问题，只有解决好这些问题，我国的社区居家养老模式才能更好、更长久地推广、实施下去，老年人的权益也才能得到更有力的保障。

四、缺乏专业护理人员

我国社区居家养老模式起步晚，护理人员多半是40~50岁的下岗再就业女工、农民工等，学历低，流动性大，且大部分都没有经过专业、系统的培训，即使经过简单的培训，也只能做些洗衣、做饭等普通家政服务工作，缺乏专业素养，不符合社区居家养老服务人员的要求。虽然有些地区提高了对护理人员的准入标准，要求至少专科毕业，在入职前也会进行简单的上岗培训，但因为资金短缺，上岗以后的继续教育很难开展，最终对提高服务人员的专业素养并没有太大帮助。加上人们对护工这一职业缺乏认同感，护工自身的福利待遇水平也不高，导致多数护工的工作积极性不高，奉献和敬业精神缺失，以致服务质量难以提高。

第五章

构建社区管理机制下的居家养老多元主体协同治理新模式

第一节　理论指导与应用

一、多元主体参与治理基础形成

通过前几章的分析，我们可以发现，在社区居家养老这项事业中，政府已经渐渐不再担任唯一主体，而是发展为由企业、社会组织、社区及家庭等多个主体一同组成的参与主体，而这些主体都有权参与治理决策，这其实就是一种社会治理体系的形成。

为什么说多元主体参与治理的基础已经形成？第一，社区居家养老服务的供给方由政府转向其他主体，是福利多元化的发展应用。政府提供财政支持、主导相关政策的制定，却不再是单独包揽服务。而将服务的过程交给社区，以社区为立足点整合社会资源来为社区老人提供精准服务。第二，社会力量在社区居家养老服务方面具有相当的独立性。比如“剑声松鹤园”居家养老服务中心等民营组织应政府的倡导而生，虽然有“半官方性”的特点，但中心独立运作，参与治理决策，一些工作（如志愿者招募）超出政府期望。

目前，我国社区居家养老事业中，多元主体参与其中，已经出现了或多或少的合作，然而这些合作更多是各地方依据自身的情况，自由发展形成的。也就是说虽有合作的事实，还缺乏协作的机制。要真正实现多元主体协同治理，还需要构建一个完备的运行框架（包括法律框架和制度框架等），能够让多元主体有序地参与进来，形成规模化、长期性的发展模式。

二、社区居家养老如何走向善治

推行社区居家养老服务的实践与一些地方的先进经验告诉我们，多元主体协同治理的模式是养老走向善治的有效途径。这样说主要有以下论据：将多元主体分为三个大的方向，一是政府，二是市场，三是社会。首先，政府在社区治理中的角色重新定位，意味着将政府从大包大揽的困境中解救出来，有更多的精力去发挥监督管理的职能，这对提高政府执政能力有着积极的作用；其次，政府与市场力量、社会组织合作拓宽了吸纳建议的渠道，提升了决策的科学性；再次，整合社会资源，将行政资源与民间资源结合，发挥各自优势，降低了公共服务成本；最后，引入多元主体参与也充分发挥了市场的活跃性和自我造血能力，带动了社会力量参与社会治理，提升了公民的民主意识，最终使社区治理逐步走向善治，可谓是一举多得。

多元主体协同治理模式，既超越了一般政府的主导模式，又跨越了市场模式下的盈利首位观念，更是肯定了民间组织参与决策的地位，用这种模式将他们框进了同一个体系内，真正实现社会福利多元化。作为社区治理中的重要一环，社区居家养老服务体系的路径探索，有助于推动整个社区治理一同走向善治。那么具体到养老服务上，如何建立有效的运营框架，将政府、市场、社会的资源最有效地融合起来，发挥三种机制的最佳功效，是探索善治之路的关键。

第二节　运营模式

因主要探讨多元主体协同参与养老治理的问题，故接下来从多元主体的角度，结合对社区居家养老调研及其他领域的资料研究，将现行的社区居家养老服务站点的运营方式进行整合，做以下分类。

一、依靠政府投资运营

这类社区居家养老服务站点从建设到运营全靠政府财政承担，为社区老年群体提供基础医疗、安全保障及就餐、娱乐等服务，只针对部分有能力的老年人收取餐费，大体还是属于福利机构。这种模式的服务供给方主要由政府与社区居委会（实际也是政府下设的行政部门）协作完成。目前大部分社区居家养老服务站点都采用这种模式，一般单个社区投入养老服务设施的建设资金就已达500余万元，之后每年还都要有持续的资金投入，资金需求量几乎呈几何增长。

二、政府购买社会服务

政府购买社区居家养老服务是政府购买公共服务的重要组成部分，通过市场竞争机制，利用社会力量，为老年人提供养老服务。也就是政府为居住在家的老年人向社会组织、企业或其他机构购买专业化社区居家养老服务。

现有常用做法：一是以政府购买公益性岗位的方式，聘请专职、专业服务人员，丰富社区居家养老服务内容，提升社区居家养老服务水平。以某社区为例，按每个岗位月工资2000元，辖区老人200人以上的配备2个公益性岗位、200人以下的配备1个公益性岗位，全区配备100个公益性岗位，年支出约240万元。二是对困难老人发放社区居家养老服务券，选择服务质量好、社会信誉度高的专业服务机构和社区居家养老服务站为社区居家养老服务券使用合作单位，困难老人持券消费，政府出资买单。在实施过程中，切实把握好“市场运作、政府承担、定项委托、合同管理、评估兑现”的政府购买要素。就目前而言，一般单个社区每年财政投入用于购买养老服务的资金在800万元以上。

三、市场运营企业微利

通过政府的政策、资金扶持带动拥有专业管理能力的企业领跑养老产业，引入市场资源来运营社区居家养老服务站点，提供更专业化的管理和服务，同时，也能促进社区居家养老服务机构独立化。比起前两种模式过于依赖政府投入的弱点，市场模式可以大大地刺激营利组织在社区居家养老服务体系中发挥市场作用，激活社区居家养老服务机构自主发展的可能性。但就目前而言，由于养老服务事业的公益性质，要从中盈利至可以自我运转的难度还是很大的。比如南昌市青山湖区的九九颐家养老服务中心，是依托于社区由民间资本运作的居家养老服务站点，主要收入来自政府发放给困难老人的社区居家养老服务券、政策奖励，以及提供便餐、上门服务等低偿服务。这种模式在一定程度上缓解了政府的资金、人员压力，也为社会提供了一定的就业岗位，同时，也引导部分有消费能力的老年人转变观念，自费购买一些服务。只是笔者认为，这些机构还需要拓展更多的附属收入渠道，才能真正实现市场模式的长远发展。

四、社会组织与政府、企业合作

根据在养老行业发挥的效用不同，我们可以将社会组织分为服务类社会组织和评估类社会组织。

就目前我国大部分二、三线城市而言，自发组成的有效的服务类社会组织的数量和质量还是比较有限的。大多带有比较浓厚的行政色彩，由政府指导筹建的养老服务行业协会，孵化了许多养老、助老的社会组织，政府提供的资金扶持、业务指导以及政府购买服务等措施，使养老服务社会组织逐步建立起自我培育、自主经营、自我管理、自我发展的内部运行机制。评估类社会组织的组成人员包括专业人士、学者等，学术界社会组织的参与可以很好地补充政府的相关监督、管理职能。公益性质的第三方评估机构，因为立场中立，能够建立真实有效的反馈机制，甚至可以运用专业知识进行分析，为政府、企业出谋划策。此外，可以学习宁波市鄞州区利用社区居委会的力量，大力发展社区自治组织的做法，降低组织设立门槛，鼓励各种服务老年群体的志愿者队伍的建立。这样充分挖掘社区资源，能够为老年人提供政府和社会力量没提供或提供不到的服务，社区的资源来自家庭、社区党员志愿者、青年志愿者等。宁波市鄞州区各种社区组织蓬勃发展，不仅补充了其他主体提供的服务，也推动了社区自治。

第三节　构建多元主体协同治理模式

一、转变政府角色，提供制度保障

为了转变社区居家养老服务过于依赖政府，导致政府压力过大，难以精准发力的现状，需要政府转变自身定位，化主导角色为引导角色，监督、保障角色，把大部分的服务内容交给社会、市场及社区自身。总的来说，政府需要做到以下三方面的制度保障。

（1）环境保障

一是物理环境，即政府在社区居家养老的场所方面给予保障。一方面在宏观规划层面，对于所有新建的居住区都要明确要求配备足够的养老设施用地，像规划幼儿园、医院等公用设施一样，在规划设计时就要将养老设施一并考虑，并要求与建设项目同期交付使用；另一方面针对缺乏服务场所的老城区，可以加强各部门横向协调联系，充分挖掘现有资源，将闲置的公共设施、厂房、医院、学校等改造为养老服务设施，或通过购置、置换、租赁等方式开辟养老服务设施。

二是市场环境，也就是在政府购买服务、企业准入、服务考核等管理层面，给企业营造公平竞争的市场环境，要确保竞争机制的引入能够实现提高服务质量和降低服务成本的目标。

（2）资金保障

在鼓励和引导社会力量参与社区居家养老服务的过程中，政府的财政资助发挥着重要的引导和支撑作用。建议政府一是高度重视，加大财政投入；二是建立完善的养老资金保障制度，可与社保、医保等保障制度并轨考虑；三是拓宽资金来源，促进社会力量投资运营养老服务设施；四是依托社会力量，鼓励公益捐赠，发动全社会支持养老事业。

（3）体系保障

政府角色定位中，最重要的职责应该是构建一个完善的社区居家养老服务体系，这也是政府引导、规范、监督养老市场的必要手段。

第一，要完善市场及社会组织准入机制。降低相应门槛，引入更多的社会组织、企业参与进来，同时建立更多的细则来规范各社会组织、企业。第二，要建立科学的考核评估机制，采用日常监督与综合考评相结合的形式，对社区居家养老服务站点的机构管理、服务质量、环境卫生、老人满意度等指标进行考核，考核结果作为政府部门补助或终止合同的重要参考依据。第三，开放第三方评估监督机制。作为政府监督职能的补充手段，第三方评估机构独立于政府或企业，运用自成体系的一套评估系统，可以有效避免结果失真，也可以提升该项事业的社会公信度，第三方评估机构可以由专业的研究机构与社会组织组成，专业研究机构，充分发挥制定评估细则、研究评估结果、得出评估结论、提出建设性意见等作用，而相关社会组织则负责收集数据、完成评估的过程。第四，必须有完善的养老服务人才培养和输送机制作为基础保障，这就需要建立完善的养老服务专业人才培养体系和严格的服务人员资格认证等。

二、创新盈利模式，盘活市场力量

独立养老机构往往都面临着对传统养老观念的冲突，而要解决这个问题，独立养老机构与社区居家养老这种新型模式的结合，是一条可循的路径。

因此，我们建议独立养老机构在一定的辐射半径内，联合社区居家养老服务站点，提供养老服务。譬如，可以利用护理院的资源，为社区居家养老提供护理人员培训，提升护理人员业务水平，缓解护理员紧缺和素质不高的难题；也可以鼓励养老机构拓宽盈利渠道，提供诸如老年旅游之类的多样化服务，同时扩大自身影响，吸引社区有机构养老需求的老人入住，从而形成“机构养老—居家养老”互动互强的有机联动，促进养老市场的健康发展。

以营利为目的的企业，在参与公益事业的过程中，应该在秉记社会责任的基础上，创新养老产品，拓宽盈利渠道。比如运用科学的分析方法，有针对性地给不同消费能力和消费观念的老年人提供多样化的服务；借助大数据分析养老市场需求，开发养老产品；运用互联网思维，搭建更多的互助平台，整合资源，提升效率，在不降低质量的前提下降低成本。此外，政府应积极倡导企业，特别是有财力、有资源的大型集团，投身公益性养老事业。

三、完善参与体系，社会组织献力

社会组织又称作非营利组织、民间组织，是区别于政府和市场，由投身志愿服务的社会人士组成。由于其自身的公益属性，且独立于政府部门，故而在推动社区治理、事业发展中扮演着不可替代的角色。社会组织可以是服务的提供者，也可以是政府的合作者，还可以是中立的服务评估者。

面对目前社会组织的参与切入点不明晰、角度定位模糊等困境，可以参照社会组织参与其他社会事务的模式。发展成熟的社会组织不仅能作为政府部分职能的补充，还能发挥自身贴近基层的优势，动员、吸纳更多的志愿者参与到社区居家养老服务中来：一是参与决策制定，因社会组织吸纳的是社会各行业人士，可以提供专业或贴近基层的意见，有助于决策的科学性与针对性；二是参与质量监督与服务评估，社会组织可利用其自身优势，全程对养老服务进行跟踪，收集老人们的反馈意见，构建完整的评估反馈机制，起到监督的作用；三是有助于整合社会资源，包括吸纳志愿者、慈善资金的筹集，有助于将社会力量有机融合进养老服务体系中。

政府需要做的，一是对养老服务社会组织进行孵化。通过社会组织孵化器，对养老服务社会组织进行孵化，从服务支持、注册登记、经费补贴、政策辅导、宣传推广等方面予以扶持，形成并壮大日间照料、日常探视、家政服务、配餐送餐、代购导购、出行出游、就医助医、心理疏导等养老服务产业，为社区居家养老服务奠定坚实的社会服务基础。二是合理引导志愿服务，畅通社区居家养老服务机构与社会志愿者、义工组织联系渠道，定期组织义工为社区居家老人提供各项志愿服务。

而慈善机构则要开拓筹集资金的渠道。如可以利用心理学家的一些专业意见来引导有能力的人为养老公共事业献出一份爱心。美国一个名为“聪明宠物慈善机构”的非营利组织就是运用了专业的心理暗示方法，在美国经济大环境很困难的时期，筹得的捐款仍然有 85% 的增长。这个组织就是利用与之合作密切的一家宠物产品零售商，在零售店结账处，收银台的屏幕上会出现一个弹窗，上面显示着“是否为无家可归的宠物捐款”的字样，这个设置就采用了心理暗示，调动了顾客的潜意识，激活了他们内心的善意。

另外，参照德国时间银行互助养老的实践经验，我们也可以建立类似的互助机制，引导社会各界人士参与到社区居家养老服务中来。这样也解决了不属于任何社会组织的个人有参与到社区居家养老服务的意愿却找不到准入点的问题，也是在一定程度上为这些个人志愿者建立了一个大的群体组织。

四、利用社区资源，对接服务需求

公共服务社会化的落脚点在社区，是在政府的倡导和扶持下，以街道、居民委员会为依托，发动社会各方面力量服务社区成员。政府、营利组织、非营利组织等主体，因他们的目标、参与动机、运营模式的不同，导致了其达成默契的难度较大，这时社区则必须在其中起到黏结、凝聚的作用。

伦敦商学院教授安德鲁·斯科特在他与别人合著的新书《百岁人生》中，就提到了人类已经进入长寿时代，我们这代人活到 100 岁将是大概率事件。长寿时代，我们的人生格局会发生巨大改变。三段式人生终将消亡，取而代之的是多段式人生格局，这就意味着人们在退休之后很可能仍想找到其他更自由却也有意义的业余事业来做。65 岁退休后的群体，这些拥有健康身体和活跃思想的老年人，他们将更有时间精力、更有意愿并且有能力参与到社区治理中来。

从实践层面上来看，老年群体参与到社区居家养老服务中来，至少有几个方面的优势：一是时间和精力上的优势；二是阅历与观念的优势：有过共同成长经历、文化背景的人群之间，会有更多的共同语言，更容易产生认同感；三是需求同理性优势：身体健康思想活跃的老年人在为其他需要帮助的老年人群体服务的同时，更能够明白老年人需要的是什么，也更懂得如何去为老年人争取福利，以完善将来也会服务到自身的养老服务体系，这也形成了他们参与的动力机制；四是黏性优势：社区内的老年人依托社区居家养老服务站形成了一个集体，利用老年群体自身的资源优势，互帮互助，既能有效地提升老年群体的参与度，又能增强老年人的认同感、价值感。调动社区资源的同时，发挥了老年群体自治的能力，为社区居家养老服务的供给降低了成本、提升了成效。

此外，社区在宣传引导方面还肩负着重要的社会责任。可以做的有很多，一是引导老年人树立健康的养老观念和社会化养老的消费理念，改变过去单一的家庭养老方式；二是引导子女要改变观念，转变思想，不要单纯地认为将老年人送到社区居家养老服务站托管或养老机构养老是不孝，这些养老机构能更好地满足老年人的实际需求，服务也更专业化；三是要对真心为老年人服务的单位和个人进行宣传褒奖，对损害老年人合法权益的单位和个人给予严惩，营造安全、便利、诚信的老年消费环境。

五、建立合作共同体，协作互补创未来

立足社区，政府、社会组织、企业等主体通力合作，根据老年人的需求为其提供相应的社区居家养老服务，这是我们理想中的社区居家养老服

务体系。在这个体系中，政府不再是直接的服务提供者，而是决策参与者、基础保障方及监督管理者；企业也不再是纯粹的购买服务供应商，同样可以参与到社区居家养老事宜的决策当中来，也将从微利事业中积极开拓新的盈利渠道，保障公益事业的稳固推进和企业自身的发展；社会组织则不再是存在感不强的补充角色，除为老年群体提供公益服务外，还将扮演重要的监督评估角色及决策制定角色；社区也不再只是一个媒介场所的作用，而转变为主动参与治理、挖掘社区自身资源，并扮演好多个资源供给主体的黏结点角色。多元主体协同治理的目标就是充分整合和优化配置政府、社区、社会组织、企业的资源，发挥最佳的服务效能，使老年群体最大限度地获益。

构建多元主体协同治理模式，要求各治理主体间相互独立又相互依赖、有合作又有竞争。依据协同治理理论的要求，各参与主体之间的地位是相对独立的，都有着独立参与治理决策的权利；而在治理实践中，各参与主体之间必须默契合作，互相支持才能达成治理目标，这就产生了相互依赖。治理决策又将会涉及不同主体之间的利益和资源分配，因此，又产生了互相制约与竞争的关系。各参与主体之间的关系不再是上下级，而是平等互利的协作关系。

在社区居家养老体系中，政府提供财政支持，主导相关政策的制定，却不再单独提供服务，而将服务的过程交给社区，以社区为立足点，整合社会资源来为社区老年人提供精准服务；社会组织在社区居家养老服务方面将发挥着越来越重要的作用，在社区整合资源、动员社会力量、协调沟通社会关系等方面为力量薄弱的社区居委会提供了强有力的支撑；而营利组织（企业）的加入，能够带活养老市场，与养老机构形成互补，在共享养老资源、拓宽消费渠道等方面都有着积极重要的意义。

第六章

“医养结合”居家养老社区管理模式

第一节 “医养结合”

一、概念

“医养结合”是针对传统养老服务模式功能不完善的一种创新，它将老年人对养老服务中的生活照料需求和医疗护理需求结合起来，实现了养老服务领域中“医”和“养”的有效结合。“医养结合”养老服务模式不仅包括对老年人的生活照料、文化生活、心理慰藉等基础性的养老服务，还包括慢性病恢复、健康护理、疾病预防、临终关怀等医疗服务，实现了养老服务领域中“医”和“养”的资源整合，使养老资源的利用最大化。因此，“医养结合”社区居家养老服务是在社区现有养老资源的基础上，通过与专业的医疗机构合作，为社区老年人提供更加专业的“医养结合”服务，从而改变当前养老服务中的“有养无医、有医无养”的尴尬境地，将“养”和“医”结合起来，让老年人可以在熟悉的社区中得到全面的医疗和养老照护服务。

二、服务模式

“医养结合”社区居家养老服务是一种更加科学、合理的养老方式，它更加契合当前我国老年人多样化的养老服务需求，在传统养老服务提供的基本生活照料基础上，“医养结合”社区居家养老服务增加了康复训练、健康管理、心理慰藉和临终关怀等专业医疗护理服务。“医养结合”社区居家养老服务将社区作为平台，为社区老年人提供“医”和“养”相结合的养老服务，使老年人在熟悉的环境中既获得基础的养老护理服务，又得到专业的医疗保健服务，为老年人提供双重保障。

“医养结合”社区居家养老服务的对象主要有三类：第一类，身体健康没有慢性疾病，可以负责自己的日常起居生活，需要定期做体检的老年人。第二类，老年人日常生活不能完全自理，患有常见的慢性病，如高血压等，病情不稳定，身边长时间需要有人看护。第三类，生活不能自理的老年人，如植物人、中风偏瘫等完全失能的老年人，这类老年人需要特殊的专业护理。

第二节 政策保障

一、政府层面

（1）完善政策支持和法律保障

政府应制定好相关的政策和法律法规，使“医养结合”社区居家养老服务在实践过程中有完善的政策支持和法律保障。可以参考西方国家“医养结合”相关的制度保障体系，并结合我国发展实际和老龄化现状，建立我国“医养结合”社区居家养老服务的政策与法律制度。明确“医养结合”社区居家养老服务各参与主体的责任，促进民政部门、人社部门、卫生部门和全国老龄工作委员会办公室之间的有效配合，各司其职，共同推动“医养结合”社区居家养老服务的发展。

政府要继续加大对“医养结合”社区居家养老服务的政策支持。要督促有关部门制定“医养结合”社区居家养老服务标准，对“医养结合”社区居家养老服务的内容进行严格的界定。对于“医养结合”社区居家养老服务较为成熟的机构，政府要加大补助力度，激励其不断创新服务内容，提高服务质量。加强对“医养结合”型养老机构建设用地保障，对于新建的“医养结合”社区居家养老服务的基础设施用地，可以申请政府的财政补贴，鼓励民办的非营利性养老机构开展“医养结合”社区居家养老服务。同时，政府还要采取措施加大对“医养结合”社区居家养老服务机构养老床位的补贴力度，减免开展“医养结合”社区居家养老服务机构的基础设施配套费，促进“医养结合”社区居家养老服务更好更快地发展。

（2）建立长期护理保险制度

老年人作为特殊的群体，他们对医疗的需求较大，因此，应该将老年人医疗保障的重点从各种常见老年疾病的救治转向日常的预防保健，为社区居家的老年人提供科学有效的“医养结合”服务，这包括老年人常见疾病的预防、大病治疗、慢性病的康复护理、日常生活健康管理等服务内容。但是，目前我国“医养结合”社区居家养老服务的护理费用，不在养老保险和医疗保险制度保障范围内，制约了我国“医养结合”社区居家养老服务的发展。

因此，为了使更多的老年人可以享受到更加科学和人性化的养老服务，满足更多老年人的医疗和养老服务需求，应该结合我国国情构建长期护理保险制度。将“医养结合”社区居家养老的护理费用适度纳入养老保险和医疗保险支付范围，这也是“医养结合”社区居家养老服务发展的必然趋势。一方面，政府在政策研究的基础上，选择部分城市作为试点，在制度探索的同时不断总结经验。另一方面，对于选择的长期护理保险制度试点城市，政府要为其提供充足的资金支持，整合现有的医疗保险制度和社会救助制度，将医疗保险基金的一部分投到“医养结合”养老服务长期护理保险制度中，让社区居家养老的老年人享受到的“医养结合”服务可以享受医疗保险的报销，以减轻老年人的养老成本，有利于“医养结合”社区居家养老服务模式在全国范围的推广。

（3）建立健全“医养结合”社区居家养老服务监督和评估机制

目前，“医养结合”养老服务管理体系不完善，也没有“医养结合”社区居家养老服务准则，服务质量完全取决于提供者的素质，不利于整体服务质量的提高。因此，政府相关部门要加强对“医养结合”养老服务机构的监管。定期举办相关主题研讨会，与各机构负责人进行交流沟通，及时了解“医养结合”社区居家养老服务的发展现状，督促机构加强自身管理，从而为老年人提供更加优质的“医养结合”社区居家养老服务。另外，物价部门也要制定严格的“医养结合”社区居家养老服务收费标准，杜绝乱收费现象的发生。要加大对“医养结合”社区居家养老服务质量的监督，采用科学有效的方法评估“医养结合”社区居家养老服务质量，及时发现问题，对于服务质量不合格的“医养结合”养老服务机构，取消其享受的各种优惠待遇，以确保“医养结合”社区居家养老服务的规范化发展。

二、社会层面

（1）加强“医养结合”机构间的交流学习

“医养结合”社区居家养老服务在我国的发展时间并不长，因此更应该加强“医养结合”养老服务机构之间的交流学习，互相取长补短。每个“医养结合”养老服务机构都有其独特的发展经验，通过交流，可以更好地推动我国“医养结合”社区居家养老服务模式的发展。在“医养结合”养老服务机构进行交流的过程中，也可以就“医养结合”社区居家养老服务遇到的问题进行探讨，共同寻找解决的对策。并且，可以成立“医养结合”养老服务机构联合会，作为各成员学习与交流的平台，使其在“医养结合”社区居家养老服务的发展过程中发挥积极作用。联合会还可以安排其成员到不同的“医养结合”养老服务机构挂职交流，学习对方的先进经验，取长补短，从而实现共同发展。也可以定期组织各“医养结合”养老机构开展对外交流与考察活动，在增加“医养结合”养老服务机构联合会自身影响力的同时，也可以进一步推动“医养结合”社区居家养老服务的发展。

在“医养结合”养老服务机构联合会内部营造良好的发展氛围，成员之间互相分享养老服务资源，共同制定发展规划，互助互竞。同时，作为“医养结合”社区居家养老服务的代表，联合会要增进与政府部门和老年群体的交流，及时对“医养结合”社区居家养老服务的内容进行更新，打造以老年人需求为本，协同供给、政府支持、多方参与的“医养结合”社区居家养老服务的发展环境。

（2）拓宽“医养结合”社区居家养老服务的筹资渠道

“医养结合”社区居家养老服务模式，是一种更加符合我国老年人养老意愿的新型养老服务模式，其发展的目标是使老年人拥有更加健康幸福的老年生活。一个完善、成熟的“医养结合”社区居家养老服务体系可以惠及我们每一位社会成员，因此我们必须加倍重视“医养结合”社区居家养老服务的发展，应采取有力措施使“医养结合”社区居家养老服务的资金来源渠道多元化，缓解当前资金投入不足的现状，引导和促进社会资金进入“医养结合”社区居家养老服务领域。鼓励更多有社会责任感的企业家参与进来，为养老事业的发展献上自己的一份爱心，与社会各界一起推动“医养结合”社区居家养老服务更好地发展。

此外，还可以设立不同的资金项目，例如建立“‘医养结合’养老发展金项目”“养老医疗护理项目”“慢性病康复医疗项目”等，从而实现多方融资，形成以政府为主导，市场为导向，多渠道筹措“医养结合”社区居家养老服务发展资金的局面，最终一定会为“医养结合”社区居家养老服务的发展筹集更多的资金，解决“医养结合”社区居家养老服务在发展过程中资金不足的问题。

（3）鼓励社会力量参与“医养结合”社区居家养老服务

通过整合我国现有的“医养结合”社区居家养老服务资源，充分调动社会力量参与到“医养结合”社区居家养老服务中来。一是政府可以通过购买服务和给予财政补贴的方式向社会购买“医养结合”社区居家养老服务，以此激励更多的社会力量加入“医养结合”社区居家养老服务领域中，为新型养老服务模式的发展注入更多的活力。社会组织通过承接政府“医养结合”社区居家养老服务项目，设计更加科学合理的“医养结合”社区居家养老服务内容，努力创新服务的提供形式，为“医养结合”社区居家养老服务的发展尽自己的一份力量。二是通过政府提供财政补贴的形式，促进养老机构转型为“医养结合”养老服务机构。这样一方面可以弥补政府“医养结合”养老服务的供给不足，另一方面通过鼓励更多的“医养结合”养老机构的转型升级，可以提高我国“医养结合”社区居家养老服务的质量，使老年人多样化的“医养结合”养老服务需求得到满足。另外，协调好各种志愿者组织和非营利社会组织等社会力量参与到“医养结合”养老服务中来，壮大“医养结合”社区居家养老服务队伍。

总之，要想动员更多的社会力量参与到“医养结合”社区居家养老服务中，就必须发挥好政府的引导作用，形成政府、市场和各种社会组织三种力量的合力，促进我国“医养结合”社区居家养老服务更好更快地发展。

三、服务层面

（1）建立“医养结合”养老服务人才储备基地

“医养结合”社区居家养老模式在不断发展的过程中将需要更多的专业人才，“医养结合”养老服务机构可以与相关的技术院校和医学院校进行合作，打造人才的输送平台，建立“医养结合”社区居家养老服务人才的储备基地。一方面，可以鼓励学校开设养老护理专业，支持高校毕业生以及退休医护人员进入“医养结合”养老服务机构工作，为“医养结合”社区居家养老服务的发展做好人才储备工作。同时，“医养结合”养老服务机构可以为养老护理专业的学生提供实习基地，“医养结合”相关的实践课程可以在机构中学习，机构为实习学生配备专业的实习指导老师，负责考查学生的专业技能和职业素养。机构欢迎护理专业的学生毕业后到“医养结合”养老服务机构工作，既可以为机构输入更多的专业人才，也可以提升学生的就业率。另一方面，学校拥有很多理论知识丰富的专业教师，“医养结合”养老服务机构可以定期邀请护理专业的老师为机构的养老服务工作人员和护工开展主题讲座，将工作人员的理论知识及时更新，提升专业素养。总之，“医养结合”养老服务机构与学校进行合作，可以为“医养结合”社区居家养老服务的发展储备更多专业人才，实现人才培养与输送的有效结合。

学校可以为“医养结合”养老服务机构输送专业的护理人才，增强“医养结合”社区居家养老服务护理人员的专业化水平，减轻再培训的成本。

（2）加强数字化健康管理

保证老年人在自己熟悉的环境中得到专业的养老服务，是“医养结合”社区居家养老服务的目标。加强养老服务领域数字化健康管理，促进医院的病例管理系统和政府部门的养老系统信息共享，依托“互联网+”技术，建立智慧化“医养结合”养老服务系统，方便获取老年人所有的健康、诊疗、用药信息，极大地提高医疗服务效率，同时在一定程度上也可以减轻老年人的医养成本，使更多的老年人受益。为老年人建立“医养结合”实时动态的健康档案，通过智慧化“医养结合”养老系统，可以实时地掌握社区居家老人的健康状况。护理人员为社区居家养老的老年人搭建健康医疗服务云平台，使不方便出门就医的老年人可以在家享受专业的医疗服务。建立起“医养结合”养老服务的信息库，收集整理老年人的各项基本信息及其拥有的各种社会支持网络，并根据收集到的老人信息及时与“医养结合”社区居家养老的个性化服务方案进行对接。养老服务领域中数字化健康管理技术的运用，将促进一个更加智能的“医养结合”社区居家养老服务模式的形成，也能更好地为老年人提供“医养结合”社区居家养老服务。

（3）引入专业社会工作者参与“医养结合”社区居家养老服务

为老年人提供“医养结合”社区居家养老服务时，不仅要为老年人提供基本的医疗护理服务，还需要提供心理慰藉、临终关怀等服务，因此可以在“医养结合”社区居家养老服务中引入社会工作者。

社会工作者可以采用个案工作和小组工作等专业方法，为社区居家老人开展服务。在开展小组活动前，社会工作者要先对老年人的身体状况进行评估，以此来安排不同主题的老年小组活动。通过小组活动的开展，可以丰富老年人的精神生活，并可以使老年人在小组参与的过程中增强自身的价值感；对个别老年人因身体原因、无法参与小组活动的情况，社会工作者可以有针对性地开展个案工作，对老年人的心理状态进行评估，及时发现问题并进行心理辅导，帮助老年人摆脱消极情绪，树立积极乐观的心态。

另外，“医养结合”社区居家养老服务的工作人员同样需要社会工作者的服务，针对他们的需要，社会工作者通过组织不同主题的小组活动来缓解护工的工作压力，使护工在工作中累积的负面情绪得到合理的宣泄。社会工作者还可以通过组织“信任”“团队协作”等主题的小组活动来增加护工之间的互动，增强护工之间的凝聚力，有利于提高护工的工作热情和积极性，促进“医养结合”社区居家养老服务的高质量发展。

第七章

“互联网 +”社区居家养老服务模式

第一节　概念的提出

离开了科学理论的指导，研究就会没有方向。只有在了解互联网、“互联网+”、社区居家养老以及“互联网+社区居家养老”相关理论的基础上，才能合理地借用“互联网+”等信息技术来提升城市社区居家养老服务的灵活性、及时性、便捷性，从而提高我国城市社区居家养老服务的质量。目前我国城市社区居家养老服务面临诸多的发展困境，深入挖掘和阐释“互联网+”等信息技术在解决这些问题上的作用以及将“互联网+”应用到城市社区居家养老服务上的可行性，通过借鉴现有的城市社区居家养老服务模式，为进一步研究我国城市“互联网+社区居家养老”服务模式的健康发展奠定理论基础。

一、“互联网+”

互联网，又称国际网络，是建立在将计算机网络互相连接在一起的基础上，发展成覆盖全世界的全球性互联网络。这个互联网络连接了各种各样的服务器、计算机及各种终端设备。互联网倡导的是免费、平等、开放、创新、分享的理念。从本质上讲，互联网就是一个以人为中心的互动网络平台，它能够使网络参与者相互交流、相互沟通、相互参与。此外，在考虑网络平台用户需求的前提下，无论是产品还是服务都始终围绕着用户展开。

互联网产业的快速发展不仅创造了新的行业和需求，也在某种层面上改变了传统行业的发展状态。随着电子商务、互联网金融、在线旅游行业的蓬勃发展，互联网对传统行业的改造也越来越突出，“互联网+”的概念便应运而生。“互联网+”是指利用互联网的互动网络平台，通过即时通信、云计算、大数据、物联网等信息技术，将互联网信息平台和传统行业紧密地结合在一起，从而在新的领域创造出一种全新的业态。通俗来说，“互联网+”就是“互联网+各个传统行业”，这个传统行业可以是任何行业，但这并不是两者的简单相加。“互联网+”的目的在于借用互联网在大数据处理和信息通信方面的技术优势更好地为传统产业服务，使传统产业能够享受互联网所带来的管理革新、服务革新。

二、“互联网+社区居家养老”

“互联网+社区居家养老”服务模式是指将互联网信息技术引入社区居家养老服务领域，借用互联网在信息交换、信息处理、信息存储、信息维护、大数据挖掘方面的优势，借助计算机、服务器、信息管理中心、移动终端设备等互联网信息技术，为社区居家老人提供生活照料、医疗护理、精神关爱、紧急救助等方面的养老服务。服务的主要途径是借助社区居家养老服务信息平台，将政府、医疗机构、养老服务供应商、个人、家庭等养老服务供给主体有序地联系在一起，通过运用互联网等信息技术为居家老人提供便捷性、灵活性、多样化、智能化的居家养老服务。事实上，“互联网+社区居家养老”服务模式的实质就是互联网与传统社区居家养老服务的融合。“互联网+社区居家养老”服务模式的核心理念是以老年人为中心，通过运用互联网信息技术，探索更多有价值的养老服务方式，从而更好地满足老年人的各种养老服务需求。

在老年人对养老服务质量不断提高的背景下，不仅要满足老年人所提出的各项服务内容，即“老有所养”“老有所医”“老有所乐”，而且更重要的是要保证老年人获取这些养老服务的通道是顺畅的，过程是容易的，获得的养老服务质量是高水平的。同时也要能够有效提升社区居家养老服务管理中心的管理效率和服务效率，减少不必要的人力成本和时间成本。因此，必须探索新的服务方式来更有效地为老年人提供服务。互联网与社区居家养老服务模式的结合，有望为上述目标的实现带来可能。这种智能化的养老服务模式通过改变供需双方的信息交流方式、强化养老资源的整合力度、提高养老服务的管理效率等手段，对现有社区居家养老服务模式存在的各种问题予以破解，既有助于优化配置社会养老资源，提高养老资源的利用效率，弥补传统家庭养老、社区居家养老服务供给主体各自为政的缺陷，也有利于解决供需双方信息交流的不通畅，显著提升社区居家养老服务的及时性和灵活性。因此，互联网与城市社区居家养老服务的融合发展是非常具有现实意义的。

第二节　可行性分析

近年来，我国城市“互联网+”等信息技术的快速发展，已经成为改造传统养老产业，推动养老服务朝智能化方向发展的重要动力。目前我国城市社区居家养老服务的发展面临着诸多困境，互联网与城市社区居家养老服务的融合发展将会为这些难题的解决提供新的工具和思路。利用大数据、云计算、互联网、物联网等新技术，整合现有的社区居家养老服务资源，使多个养老服务参与主体基于大数据产生协同效应，从而在现有养老资源条件下满足老年人个性化、及时性、灵活性的养老服务需求。国务院有关文件也提出了依托现有互联网资源和社会力量，以社区为基础，搭建养老信息服务网络平台的政策建议。本部分接下来将从供给和需求两个角度，分别以政策支持、技术支持、经济支持、心理支持这四个切入点来全面分析在我国城市构建“互联网+社区居家养老”服务模式的可行性。

一、政策支持

鉴于目前我国人口老龄化、高龄化的趋势越来越严重，传统养老服务模式已经无法满足老年人的养老需求。随着“互联网+政务服务”工作的快速推进，政府部门逐渐意识到互联网等信息技术产品可以给社区居家养老服务带来巨大的发展机遇，因而越来越强调互联网、物联网、大数据、云计算等信息技术要与传统的养老服务行业融合发展。为此，国务院在大量基层调研的基础上先后发布了多项政策指导意见，希望不断推进“互联网＋养老”服务的发展。这些政策包括 2015 年 7 月 4 日发布的《国务院关于积极推进“互联网＋”行动的指导意见》（国发〔2015〕40 号），2016 年 12 月 23 日发布的《国务院办公厅关于全面放开养老服务市场提升养老服务质量的若干意见》（国办发〔2016〕91 号）以及 2017 年 2 月 16 日工业和信息化部、民政部、国家卫生计生委联合发布的《三部委关于印发〈智慧健康养老产业发展行动计划（2017—2020 年）〉的通知》（工信部联电子〔2017〕25 号）。这些意见或行动计划均指出，要积极利用互联网等信息技术手段，大力开发智慧养老产品和相关移动软件，促进各个养老服务供给主体打通基础信息共享渠道，推进社区居家养老信息与政府财政、人力资源和社会保障、公安等部门共享，加强养老资源的整合力度，进而为老年人提供智慧化的养老服务。

此外，为加快智慧养老产业发展，培育新产业、新业态、新模式，政府相关部门也出台了一系列配套政策和措施，包括国务院 2015 年 9 月 5 日发布的《国务院关于印发促进大数据发展行动纲要的通知》（国发〔2015〕50 号），2016 年 6 月 24 日发布的《国务院办公厅关于促进和规范健康医疗大数据应用发展的指导意见》（国办发〔2016〕47 号）以及 2016 年 9 月 29 日发布的《国务院关于加快推进“互联网＋政务服务”工作的指导意见》（国发〔2016〕55 号）。这些政策措施从大数据应用、医疗数据的使用、集成互联网政务等方面，指出目前我国社区居家养老服务的大数据利用不到位，信息技术应用水平较低等问题。因此需要积极利用互联网等新一代信息技术在数据收集、数据处理方面的技术优势，有效整合各个养老服务参与主体的养老资源，提升社区居家养老服务的信息化水平，借助智能可穿戴设备和各种智能终端，为老年人提供智慧化的养老服务。总之，无论是政府部门专门制定的一系列有关“互联网＋养老”服务政策，还是出台的一系列其他配套政策，可见国家越来越重视互联网等信息技术产品给养老服务带来的积极变革，这也为我国将互联网引进社区居家养老服务领域奠定了政策基础。事实上，近年来各地政府部门也根据当地具体情况出台了大量的相关政策来积极培育“互联网＋养老”这种新的养老服务模式，各地区的初步实践也为“互联网＋社区居家养老”服务模式的健康发展提供了丰富的经验借鉴。

二、技术支持

从技术条件上说，“互联网＋社区居家养老”服务模式的健康发展离不开网络基础设施的建设情况，包括我国城镇地区网民规模和互联网接入的普及率，各种手持终端设备的持有量和相关移动 App 的市场开发状况，智能可穿戴设备的发展现状以及云计算、大数据、物联网、智能终端设备的技术标准等。只有解决将互联网运用到社区居家养老服务上遇到的技术难题，才能为今后推广“互联网＋社区居家养老”奠定良好的技术条件。

首先是网民规模和互联网接入的普及率在不断扩大。中国互联网络信息中心（CNNIC）2017 年 1 月 22 日发布的第 39 次《中国互联网络发展状况统计报告》（以下简称《报告》）显示：截至 2016 年 12 月，我国网民规模达 7.31 亿，全年共计新增网民 4299 万人，增长率为 6.2%。中国网民规模已经相当于欧洲人口总量。互联网普及率达到 53.2%，较 2015 年年底提高了 2.9 个百分点，超过全球平均水平 3.1 个百分点，超过亚洲平均水平 7.6 个百分点。《报告》还显示，移动互联网与线下经济联系日益紧密。2016 年，我国使用手机进行网络支付的用户规模达到 4.69 亿，年增长率为 31.2%，网民使用手机进行网络支付的比例由去年的 57.7%提升至今年的 67.5%。网民规模的不断扩大以及互联网普及率的不断提高为“互联网＋养老”服务的发展奠定了基本的硬件基础。

其次是智能移动终端保有量较大，相关移动App软件开发状况较好，功能多样。《报告》显示，截至2016年12月，我国手机网民规模达6.95亿，增长率连续三年超过10%，手机依然是拉动网民规模增长的首要设备。在上网设备方面，我国网民使用手机上网的比例为95.1%，使用智能电视上网的比例为25.0%，使用平板电脑上网的比例为31.5%，使用笔记本电脑和台式电脑的上网比例在不断降低，分别为36.8%和60.1%。此外，据中国信息通信研究院最新公布的数据，2021年7月份国内手机出货量为2867.6万部，同比增长28.6%，环比增长11.7%。5G手机加速渗透，成为市场增长的主要驱动力，出货量达2283.4万部，占比提升至79.6%。手机作为最主要的智能终端，将极大促进“互联网+养老”业务的发展。此外，《报告》还显示，移动网民经常使用的五类App分别是即时通信、微博社交、综合资讯、网络电商、网络直播等。近些年来，各家养老服务机构大力进行软件开发，并与这些高频应用进行合作互设功能模块，极大地方便了老百姓的日常生活。尤其是在移动医疗方面，移动平台软件、终端硬件和智能养老可穿戴设备发展迅速。作为移动医疗的核心载体，很多厂商也致力于以App获取用户黏性，在平台上连接电商渠道，进而形成商业完整闭环。再者，以体检、康复、精准医疗为主要内容的服务类医疗平台，也是互联网医疗的刚需，这也成为很多厂商追逐的焦点。总之，庞大的手机保有量和相关软件的蓬勃发展为“互联网+养老”服务的快速发展奠定了硬件和软件基础。

再次是智能可穿戴设备发展红火，种类繁多，具有极大的发展前景。与社区居家养老服务相关的智能可穿戴设备主要表现在医疗领域里的常规慢性病监测工具，包括智能血糖仪、智能血压计、可以检测脉搏的智能手表和手环、智能眼镜、手表式GPS定位仪、血氧仪、氧机、心率检测仪、帕金森激光鞋、偏头痛治疗仪等。目前我国智能可穿戴设备的开发如火如荼地进行，各种智能可穿戴设备可谓是品类繁多，层出不穷，令人眼花缭乱。智能可穿戴设备作为离人最近的智能设备，在未来“物联网化”的进程中将扮演重要角色。

最后是云计算、大数据、物联网和智能终端设备的技术标准已经基本成熟完备。早在 2014 年，隶属于工业和信息化部的中国电子技术标准化研究院就已经对大数据、云计算、智能终端、智慧城市、物联网等进行了标准化的规定，发布了一系列白皮书，包括相关概念界定、发展现状、技术参考模式的介绍，对关键技术、标准化体系、认证体系等都进行了详细的标准化规定。这些标准化规定为我国企业和政府部门运用相关技术和设备开展“互联网 + 社区居家养老”服务提供了技术标准，有利于促进各地区社区居家养老服务信息平台的互通互联，为该信息平台的长久稳定运行提供了技术保障。

三、经济支持

除技术条件要满足以外，“互联网 + 社区居家养老”服务模式的健康发展还离不开政府的资金投入和居民收入以及消费水平的增长，这是保证养老服务事业健康发展的重要基石。

首先，从政府部门来说，要想快速推进“互联网 + 社区居家养老”服务，必须对养老服务领域加大资金投入，对相关养老服务提供商给予税收减免优惠，同时促进企业加快服务创新，不断提高养老服务的供给水平。《中华人民共和国 2016 年国民经济和社会发展统计公报》（以下简称《公报》）显示：2016 年我国国内生产总值达到 744127 亿元，比上年增长 6.7%，增速比上年回落 0.2 个百分点，处在调控预期目标区间。与此同时，2016 年全国一般公共预算收入 159552 亿元，比上年增长 4.5%，全国一般公共预算支出 187841 亿元，比上年增长 6.4%。其中社会保障和就业支出 21548 亿元，增长 13.3%；医疗卫生与计划生育支出 13154 亿元，增长 10%；城乡社区支出 18605 亿元，增长 17.1%。无论是从 GDP、财政收支的总量还是增长速度来看，政府部门对社会保障支出的增长态势不会改变。加上政府对智慧养老产业的政策扶持，“互联网＋社区居家养老”服务将会获得政府部门更多的资金和财政支持。

其次，从城镇居民收入和消费水平增长来看，城镇居民将有更大的动力去购买灵活、多样、高质量的养老服务，这对“互联网＋社区居家养老”服务的发展将是极大的利好消息。《公报》显示，我国城镇人均可支配收入逐年增长，从2000年的人均6280元增长到2016年的人均33616元，年均增长率为27.20%。同时，2016年我国城镇居民人均消费支出23079元，比上年增长7.9%，扣除价格因素，实际增长5.7%。随着社会的进步、经济的发展，我国城镇人均可支配收入和人均消费支出仍将保持持续增长，人们对生活质量的需求也逐步提升，这不仅刺激了城镇居民对移动终端比如智能手机的需求，更重要的是对高质量、高效率养老服务的需求在不断增长，而充分利用互联网等信息技术产品则是提高养老服务质量最可行有效的途径，这将从根本上促进“互联网＋社区居家养老”服务的快速发展。

四、心理支持

政策支持、技术支持、经济支持更多的是从供给这个角度来阐释“互联网＋社区居家养老”服务模式的可行性，但事实上能够决定“互联网＋社区居家养老”服务模式快速发展的因素还是城镇居民的有效需求，这就取决于老年人心理上对“互联网＋社区居家养老”服务的接受程度。在城镇居民基本具有购买高质量养老服务能力的基础上，只有这种养老模式比传统养老模式更加灵活、便捷、高效、高质，才能真正赢得老人的好感，老年人才会愿意主动去尝试利用互联网信息技术来获取相关的养老服务，这样“互联网＋社区居家养老”服务模式才能持续健康地发展。

首先，传统的家庭养老和机构养老模式在发展中遇到了各种各样的问题，都有或多或少的弊端，而“互联网＋社区居家养老”模式则充分结合了二者的优势，同时尽量减少了二者的弊端。具体表现为，一是可以不断扩展社区居家养老服务项目，丰富社区居家养老服务的内容；二是有利于解决老年人和社区居家养老服务供应商之间信息交流的不通畅，使社区居家养老服务供需更加匹配；三是可以提高社区居家养老服务的管理效率和服务效率，使老人足不出户就能享受到及时、便捷、高效、智能化的养老服务。因此，相比传统的养老模式，“互联网＋社区居家养老”服务模式具有更多的优势，这将从根本上影响老年人通过互联网来寻求养老服务，政府也有足够理由来积极推广这种养老模式。

其次，“互联网＋社区居家养老”模式并不是完全排斥传统的机构养老、家庭养老模式，它只是借用互联网等信息技术产品来整合社区的养老资源，提升养老服务的供给效率和服务效率。随着互联网等信息技术的快速发展，老年人对信息技术产品的认知也在不断提升，逐渐认识到了互联网等信息技术产品给日常生活带来的变化，甚至有些老年人开始触网，并积极利用智能手机等移动设备进行团购订餐、网络购物、在线买票、网络预订等各项服务，久而久之，线上支付习惯已经初步形成。鉴于“互联网＋养老”服务在我国很多地区刚刚开始试点，使用过相关服务的老人还是少数。通过有些媒体对使用过这些服务的老年人的调查可以发现，因为互联网和智能可穿戴设备具有方便、快捷、即时的特性，那些使用过相关服务的老人大都觉得非常方便实用，而且对这种智能化的养老服务赞赏有加。没有使用过但听过或看过相关报道的老年人，对这种养老方式也会产生比较强的好奇心，也愿意去尝试这种服务。而那些没有听过或看过的老年人，经过对他们的讲解，也愿意去尝试这种新型的养老方式。由此可见，老年人对将互联网信息技术应用到社区居家养老服务领域的认可程度在不断提高，这在略微年轻一些的老年人中表现得更为明显。总之，随着40岁以上的中年人逐步迈入老年阶段，经过20年左右的时间培育，将来的老年人几乎都会触网，学会利用互联网以及移动互联网来寻求各项养老服务，这将有利于互联网与社区居家养老服务深度融合发展。

当然，20 世纪中叶出生的老年人受教育程度不高，对互联网信息技术使用能力不足，再加上退休后收入普遍不高，现在的社区居家养老服务价格相对便宜等多重因素的影响，有些老年人对“互联网 + 养老”服务及其相关智能养老产品的价格一时还无法接受。此外，各地试点发现，目前互联网与社区居家养老服务融合发展的过程也存在着很多问题，比如缺乏统一的智慧养老服务建设标准，目前的政策缺乏系统性，导致各地在信息数据应用、整合、共享方面还存在一些问题，不能实现数据的有效对接和高效处理，限制了智慧养老服务的发展，而且很多智能化的养老产品因为没有全面考虑老年人的生活习惯和使用能力，还存在不能方便老年人使用的问题。另外，有些智能养老产品功能过于单一，不能满足老年人多样化的养老需求。这些问题也客观提醒政府部门要加大对提供智慧养老服务企业的政策和资金支持力度，帮助企业不断提高创新能力，逐步降低生产成本，使智能可穿戴设备更加经济实惠、更加便捷。同时加大对老年人使用智能养老产品的补贴力度，加快制定统一的信息技术标准，使“互联网 + 养老”的美好愿景早日到来。

第三节　服务模式的构建

一、服务种类

鉴于互联网与社区居家养老结合能够给老年人带来智慧化的养老服务，我国不少省、市、自治区都在积极试点这种新型的养老服务模式。通过梳理各地目前提供的养老服务，根据老人年的需求进行分类，这些服务大概包括如下几类（见表 7–1）。

表 7-1　通过“互联网 +”可以给社区居家老人提供的养老服务种类

服务种类	服务形式	服务内容举例	服务手段
生活照料服务	现实上门服务	洗衣、送餐、送水、穿衣、理发、搀扶上厕所、拖地	日常规范化订单管理
	网络虚拟服务	生活信息提示、日常关怀	网络、电话平台推送
	现实和虚拟均可	信息咨询、讲座培训	现场咨询、在线咨询、观看视频讲座
医疗护理服务	现实上门服务	送药、打针、吃药、测量身体指标	日常规范化订单管理
	网络虚拟服务	健康养生讲座、健康培训、预约挂号、缴费报销	观看视频讲座、网络订单操作
	现实和虚拟均可	康复训练指导、养生讲座	现场咨询、观看视频
精神慰藉服务	现实上门服务	聊天、陪同散步、心理咨询	日常规范化订单管理
	网络虚拟服务	网络聊天、在线交友	在线互动专区
	现实和虚拟均可	线上线下联谊交友、老年人兴趣小组	线上或线下活动
紧急救助服务	现实上门服务	紧急送医、送药、心理咨询服务	日常规范化订单管理
	网络虚拟服务	可穿戴设备自动报警、网络监控、远程监护	网络报警、可穿戴智能设备警示
	现实和虚拟均可	可穿戴设备的开启与关闭	上门操作、网络操作

无论是哪种养老服务需求，社区居家养老服务管理中心的业务受理流程如下：第一步是老年人及其家属通过电话语音、互联网、微信平台、各种智能终端和前台服务通道提出服务需求；第二步是社区居家养老服务管理中心根据用户的需求和位置进行服务和区域的匹配，下达服务派单和其他操作；第三步是入网的养老服务供应商接受订单并联系客户，派出相关服务人员进行上门或者网络服务；第四步是社区居家养老服务管理中心在24小时以内按照相关要求回访客户，了解老年人及其家属对此次服务的满意度及改进意见；第五步是社区居家养老服务信息平台自动归纳和收集老年人的养老服务需求，保存老年人获取服务的各项流程和意见，据此对该平台上的养老服务供应商进行服务评级；第六步是社区居家养老服务管理中心根据养老服务供应商的服务评级，及时做好准入和退出工作，并及时吸纳新的供应商，做好社工、志愿者信息的更新和维护工作。可见，老年人获取这些养老服务的流程主要是前四步，而后两步则是社区居家养老服务管理中心的后续工作。本书接下来将分别从生活照料服务、医疗护理服务、精神慰藉服务、紧急救助服务这四个方面，简要论述老年人获取这些养老服务的流程。

首先是生活照料服务。"互联网+"可以方便老年人获取诸如洗衣、送餐等基本服务，也可以为老年人提供生活信息的提示和咨询服务。针对生活照料服务高频率和个性化较为明显的特征，老年人及其家属主要是通过社区居家养老服务个人操作平台，利用热线电话、智能手机、智能电视、微信平台、智能App、智能可穿戴设备等各种方式，主动向养老服务提供商提出服务请求，经过社区居家养老服务管理中心的审核分配形成订单，养老服务提供商执行订单，社区居家养老服务管理中心统一进行服务回访及评价。当然，社区居家养老服务管理中心也可以根据老年人的生活习惯以及通过智能可穿戴设备发送的数据来为老年人主动服务。"互联网+"背景下老年人获取生活照料服务的基本流程如图7-1所示。

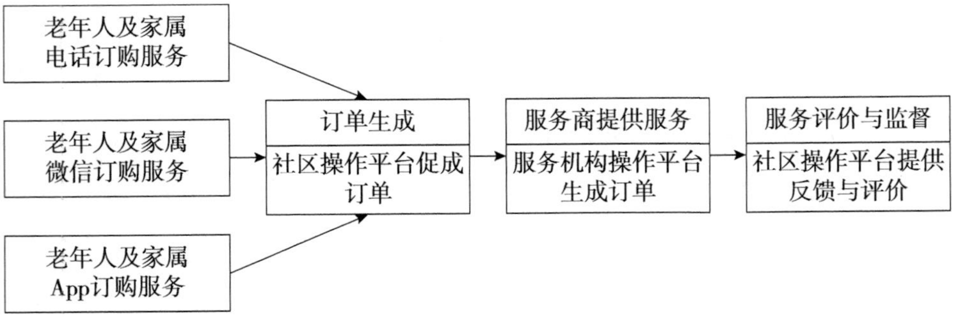

图 7–1 “互联网 +”背景下生活照料服务的获取流程

其次是医疗护理服务。针对医疗护理服务时效性和专业性强的特点，除可以像生活照料服务一样主动通过电话、微信请求服务以外，更方便的是可以通过老年人自身穿戴的智能血压计、智能血糖仪、智能手环等设备，以物联网技术对老年人的健康信息进行采集与无线传输，在云端进行科学管理。通过合理的饮食和运动等建议，提供不受距离、物理位置或者环境约束的个性化健康管理服务，这样可以极大提升医疗护理服务的管理效率。据相关数据统计，老年人的健康问题最常见的有高血压、中风、糖尿病及心脑血管、呼吸系统、神经系统和运动系统疾病。针对这些高发病症，合理利用相关智能可穿戴设备，全天候自动监控老年人的各项身体指标，做到早发现、早治疗。除此之外，依托互联网信息平台，将在线咨询、预约挂号、远程会诊、网上购药、缴费报销、结果查看等功能统一集成在社区居家养老服务信息平台之上，方便老年人看病就医并及时了解相关信息。“互联网 +”背景下老年人获取医疗护理服务的基本流程如图 7–2 所示。

再次是精神慰藉服务。通过利用“互联网 +”等信息技术，不仅可以为腿脚不方便的老年人提供网络视频聊天、网络交友功能，而且可以使老年人足不出户，利用手机或电脑设备与家属建立实时联系，也方便老年人预约社区工作者上门聊天或者陪同出行，能够丰富老年人的精神生活。“互联网 +”背景下老年人获取精神慰藉服务的基本流程如图 7–3 所示。

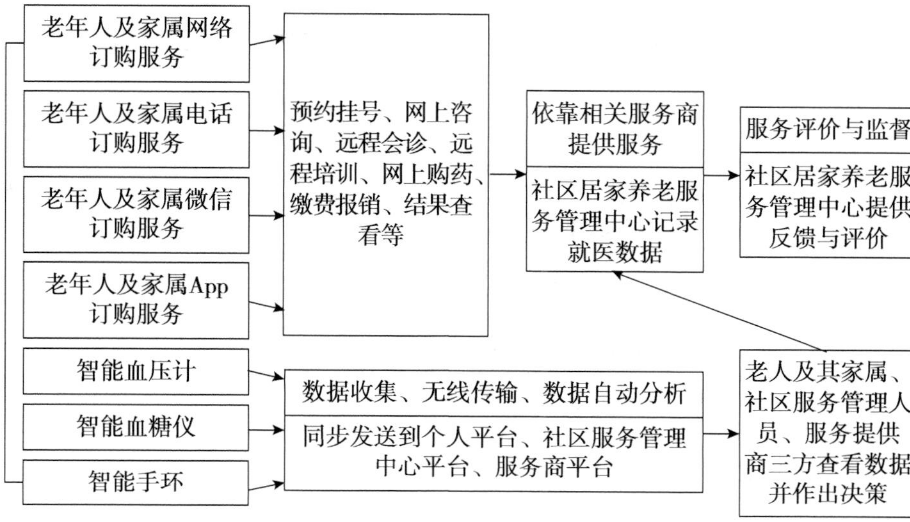

图 7–2 “互联网 +”背景下医疗护理服务的获取流程

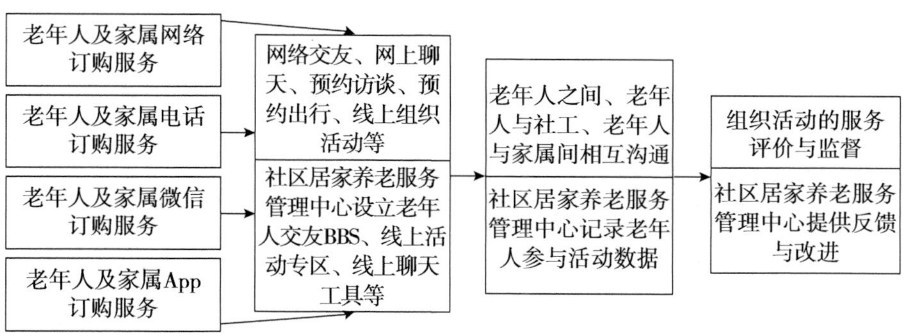

图 7–3 “互联网 +”背景下精神慰藉服务的获取流程

最后是紧急救助服务。通过利用无线传感器或报警系统等信息技术，老年人可以在紧急关头获得送医、送药、心理咨询服务，同时可利用相关监控设备，进行联网监控和远程监护，及时发现老年人的身体异常和所处环境的异常情况。这些服务都不需要老年人主动请求，而是利用相关设备对老年人身体状况、生活环境实时监控，遇到问题及时报警，方便社区工作者上门服务。“互联网 +”背景下老年人获取紧急救助服务的基本流程如图 7–4 所示。

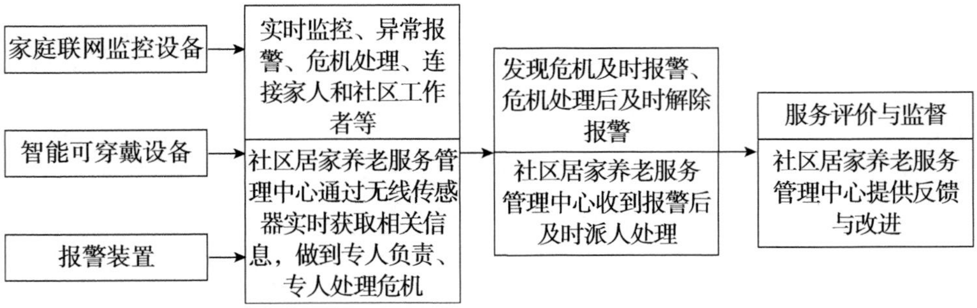

图 7-4 “互联网 +”背景下紧急救助服务的获取流程

二、基础系统建设

曾经有学者认为“互联网 + 养老”服务主要包括一个信息服务平台、三个信息数据库和一个服务系统。即养老服务信息平台、老年人基本健康状况和需求信息数据库、养老服务机构信息数据库、养老服务人员信息数据库和远程服务系统。但是随着社区居家养老服务种类的增加、网络基础设施的改进以及对系统稳定性要求的提高，“互联网 + 社区居家养老”服务的信息服务平台、信息数据库和服务系统建设也在不断更新完善。本书认为“互联网 + 社区居家养老”服务模式应该由一个统一的社区居家养老服务信息平台、三个基础系统（基础信息数据库系统、养老服务子系统即业务系统、操作应用系统）组成，并提供与民政部门、社区卫生医疗部门等社会相关服务系统的统一接口。

（1）基础信息数据库系统的建设

基础信息数据库系统的建设是社区居家养老服务信息平台健康运行的基石，因为这些基础数据直接影响养老服务需求和供给的对接，影响管理决策的制定。只有充分掌握辖区内老年人、社工、志愿者、养老服务供应商、社区医院、医生、超市、商场、健身机构等各种便民设施的多项基本数据，才能为老年人提供个性化、灵活性、智能化的养老服务奠定基础。相关资料显示，目前我国大数据的关键技术研发取得了突破，一些地方政府已启动大数据相关工作。基础信息数据库系统的建设需要充分利用大数据技术，将老年人的身体指标数据和老年人的养老服务需求数据联系在一起，找出它们的关系。至于基础信息数据库系统的具体开发工作，首先需要在政府的规划下，制定统一的技术标准，方便各个养老主体能够统一数据接口，进而实现数据的共享。其次是引入大数据和互联网企业进行基础信息数据库系统的开发。就目前看来，基础信息数据库系统需要具备以下六个方面的信息数据库（见图 7–5）。当这些基础信息数据库建成以后，需要把它们集成在一个共享数据库上成为一体，并遵从统一的存储标准和接入标准，实现各个方面的数据有序衔接、充分共享、快速查询、及时更新，不断提高数据的利用程度。

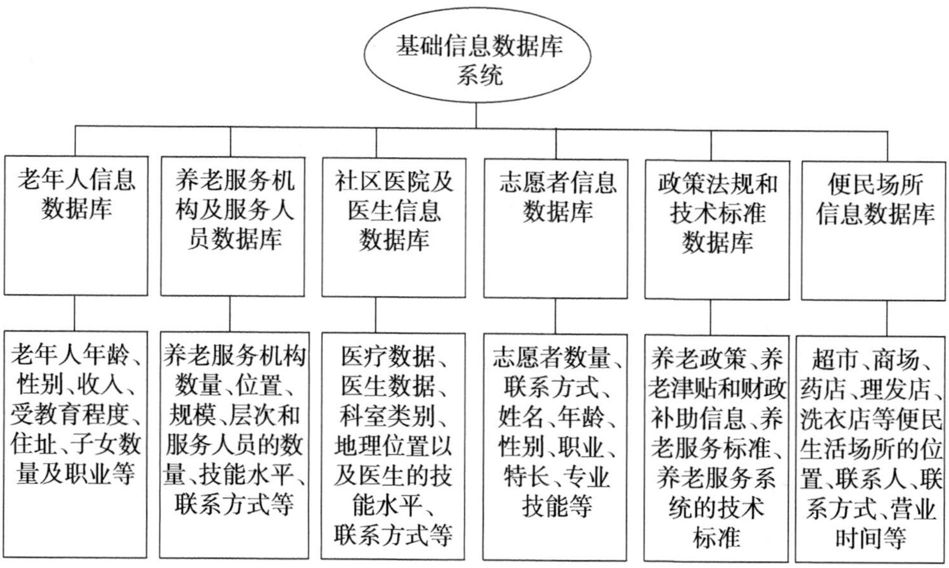

图 7–5　基础信息数据库系统的建设

具体而言，一是老年人信息数据库，包括老年人的基本信息（即年龄、性别、经济收入状况、受教育程度、家庭住址、居住状况、子女数量及职业和收入等）；老年人的养老服务需求信息（即生活照料服务需求、社区活动服务需求、精神慰藉服务需求等）；老年人电子健康档案数据（即遗传病史、血压、血糖、脂肪率、身高、体重、三围、体检报告、专属医生等数据）。二是养老服务机构及服务人员数据库，包括社区居家养老服务机构的数量、位置、规模、服务类别；服务人员的数量、技能水平、联系方式等。三是社区医院及医生信息数据库，包括社区医院的数量、规模、医生数量、科室、位置、联系方式等。四是志愿者信息数据库，包括志愿者数量、联系方式、姓名、年龄、专业技能等。五是政策法规和技术标准数据库，包括国家和上级主管部门养老政策信息、政府养老津贴和财政补助信息、养老服务标准、养老服务系统和养老服务信息平台的技术标准等。六是便民场所信息数据库，包括辖区内药店、超市、商场、理发店、洗衣店的位置、联系人、联系方式、营业时间等信息。这些信息数据库的建设可以使社区居家养老服务资源的供需匹配，同时有效地为社区居家养老服务管理中心的决策提供基本数据支撑。以上六个信息数据库只是最常见、最基本的，各地区可以因地制宜地增加相关数据库。而且许多数据都带有位置标记，能够快速准确地定位，方便满足老年人的养老服务需求。此外，这些数据库不仅需要由专人定时负责更新和维护，确保数据安全不外泄，还需要与金融机构、医疗机构、养老服务机构、社保、民政、财政等政府相关部门的数据库相互打通，建立覆盖省、市、区、街道、社区“五位一体”的基础信息数据库系统，实现数据的实时共享、互通互联。

（2）养老服务子系统即业务系统的建设

养老服务子系统即业务系统的建设是保证社区居家养老服务信息平台健康运行的骨架，因为各个业务系统直接关系到需求方和供给方养老服务的实现，关系到基础信息数据的互通互联，关系到社区居家养老服务中心管理效率和服务效率的高低。各个养老服务子系统只有各司其职，充分发挥自己的功能，养老服务供需之间的不平衡才能被打破，才能真正促使社区居家养老服务信息平台的健康稳定运行。一般而言，养老服务子系统主要由以下八个系统组成：社区居家养老综合服务门户、基础信息数据库管理系统、社区居家养老服务业务受理系统、社区居家养老地理信息系统、手持终端和微信平台系统、紧急求助系统、风险防控系统、支付结算系统等（见图 7–6）。当这些养老服务子系统即业务系统的建设完成以后，将它们统一集成在社区居家养老服务信息平台上，为各个养老服务参与主体使用该信息平台、执行相关操作奠定基础。

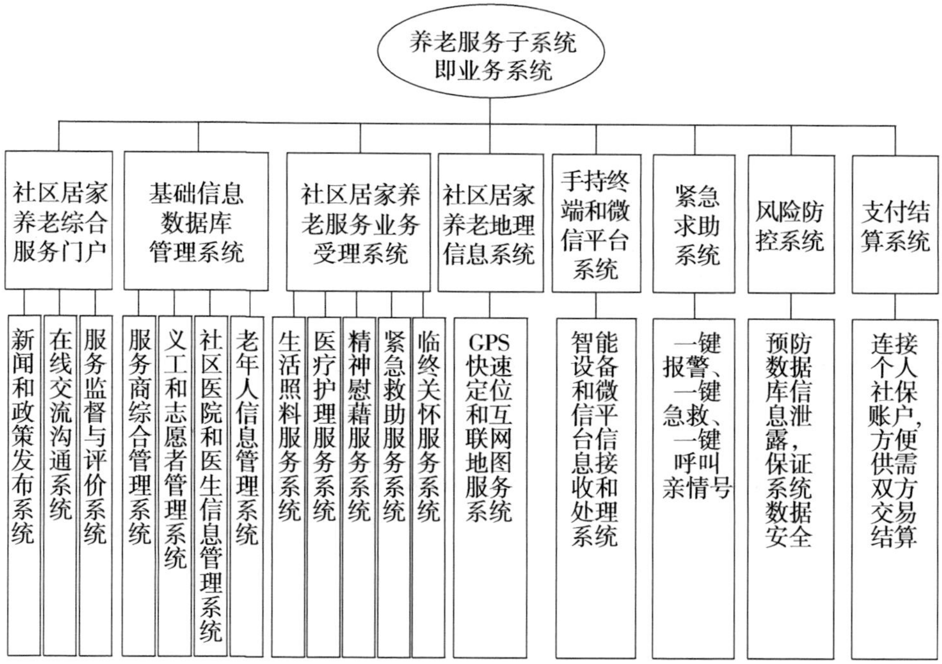

图 7–6 养老服务子系统即业务系统的建设

第一，社区居家养老综合服务门户主要包括新闻和政策发布系统、在线交流沟通系统、服务监督与评价系统等。该门户的主要作用是为老年人提供网络化的综合服务，也是老年人统一的对外服务窗口。其中，新闻和政策发布系统有助于帮助老年人了解一些基本政策信息，在线交流沟通系统有助于老年人和服务人员在线交流，服务监督与评价系统通过地图展现的方式可以使老年人方便地查询养老服务机构和医疗机构的分布情况，并对他们的服务予以评价。

第二，基础信息数据库管理系统包括服务商综合管理系统、老年人信息管理系统、义工和志愿者管理系统、社区医院和医生信息管理系统等。这主要是对基础信息数据库系统的更新维护。其中，服务商综合管理系统主要是对社区内的服务商进行统一的招标、监督和管理，这里的服务商不仅包括家政公司，也包括医疗服务机构和社会养老服务机构。老年人信息管理系统是对老年人的基本信息进行管理，义工和志愿者管理系统则是对社区内义工和志愿者的认证、监管、培训和考核，使义工和志愿者的个人信息和活动信息逐步数字化。

第三，社区居家养老服务业务受理系统根据服务类型进行分类，包括生活照料服务系统、医疗护理服务系统、精神慰藉服务系统、紧急救助和临终关怀服务系统。该系统的主要作用是收集和受理老年人通过各种渠道反映的服务需求，自动将这些需求匹配给合适的社工或志愿者，从而对社区内养老资源进行统一调配、对接供需。同时对服务需求、服务受理、服务分配进行综合的统计分析，为社区居家养老服务管理中心的决策提供基本依据。其中，生活照料服务系统是对老年人的养老服务需求划归到生活照料类服务进行处理的系统。医疗护理服务系统是对老年人健康问题和医疗问题进行综合管理的系统，具体又包括老年人电子病历系统、老年人就医报销系统（含上门服务、叫车就医、预约挂号、分级诊疗、远程医疗、在线缴费、在线报销、药品配送等服务）、老年人健康咨询系统等。精神慰藉服务系统则是调配和管理精神慰藉服务的。

第四，社区居家养老地理信息系统则是为老年人提供互联网地图服务，有利于社区工作人员快速定位，提高服务效率，同时也有助于进行紧急救援。

第五，手持终端和微信平台系统的作用主要是借助老年人手里的智能可穿戴设备传回老人的相关数据，通过智能手机 App、电视、微信服务平台等途径将老人的需求发送给社区居家养老服务管理中心。

第六，紧急求助系统是为了处理应急情况，方便老年人遇到突发情况可以得到及时处理，包括一键报警、一键急救、一键呼叫亲情号等服务。

第七，风险防控系统是为了预防数据库信息由于各种原因被清空或者外泄，以及在这些数据库信息出现问题以后可以采取紧急补救措施。

第八，支付结算系统的目的是方便养老服务供需双方交易结算，通过与老年人的养老金个人账户和政府财政补贴账户连接，实现实时结算，同时形成报表式的财务管理制度。

（3）操作应用系统的建设

操作应用系统的建设是分别为老年人、社区居家养老服务管理中心、养老服务供应商提供一个使用社区居家养老服务信息化平台的窗口，是将社区居家养老服务信息平台投入实地运营的关键环节。社区居家养老服务信息平台原本的设计目的就是一端通过各种途径收集老年人的养老服务请求，另一端及时处理服务请求并将服务指令传递给合适的养老服务供应商，由他们安排人员为老年人提供服务。在这个过程中，老年人需要途径把自己的养老服务请求传递给社区居家养老服务管理中心，社区居家养老服务管理中心则需要有途径来接收和分析老年人提供的养老服务需求数据并将它们及时传递给养老服务供应商，养老服务供应商则需要有途径来接收社区居家养老服务管理中心的服务指令进而安排专人去提供服务。由此可见，需要开发三个具体的操作应用平台，分别针对老年人、社区居家养老服务管理中心、养老服务供应商。一般而言，主要有这三个操作平台：一是老年人及家属操作平台，二是社区居家养老服务管理中心操作平台，三是养老服务供应商操作平台（见图 7-7）。当这三个操作平台建成以后，需要将它们统一整合成一个独立的操作应用系统，并将该系统集成在社区居家养老服务信息平台上，为养老服务的各个参与主体真正使用该平台进行养老服务的请求和处理提供实际操作通道。

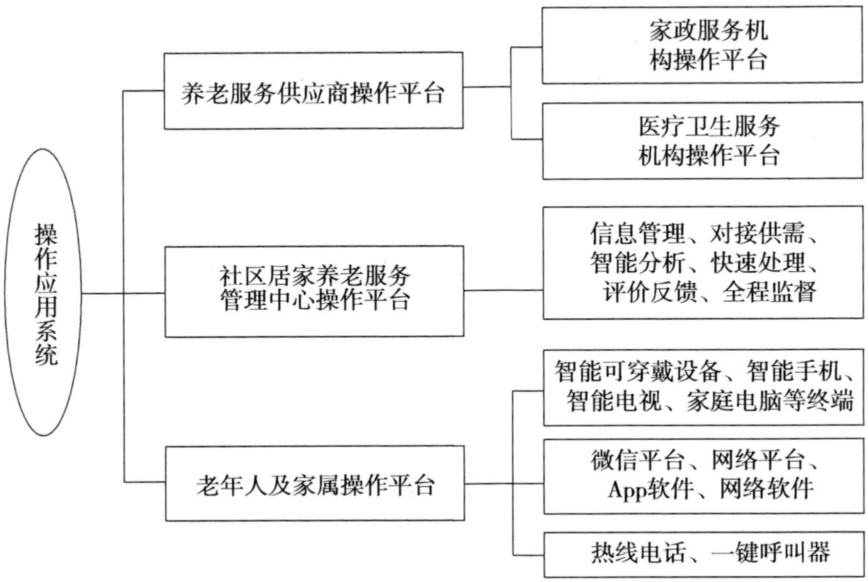

图 7-7　操作应用系统的建设

具体而言，老年人及家属操作平台是由老年人及其家属操作，通过利用热线电话、微信平台、网络平台、App 软件、智能可穿戴设备、智能手机、智能电视、家庭电脑等多种途径和设备进行服务请求、网络订餐、健康管理、紧急呼叫、服务评价等功能。社区居家养老服务管理中心操作平台一方面及时接收老年人的服务请求，另一方面及时将这些服务需求信息传递给合适的养老服务供应商，让他们派人为老年人提供服务。养老服务供应商操作平台则及时接收社区居家养老服务管理中心的相关养老服务指令，并安排专人为老年人提供养老服务。

总之，这三个操作应用平台是针对不同养老参与主体而开发的，当它们整合成一个独立的操作应用系统并集成在社区居家养老服务信息平台上时，各个养老服务参与主体才能通过该平台利用大数据、云计算等信息技术，才能对老年人的相关养老服务请求进行智慧分析，才能通过互联网将分析结果及时传递给养老服务供应商和老年人，才能实现为老年人提供灵活、便捷、高效、多样、智能养老服务的目标。

三、信息平台建设

社区居家养老服务信息平台建设的核心是以老年人为中心，以社区居家养老服务中心为网点，以互联网信息平台为支撑，保证社区居家养老服务顺利开展的一个信息管理系统。社区居家养老服务信息平台建设的指导思想：以老年人的养老服务需求为基础，以各种感知终端为手段，以云服务平台为支撑，以社区为依托，面向居家老年人提供高效、灵活、多样的养老服务。社区居家养老服务信息平台建设的目标：通过利用信息化手段来整合社区的养老资源，整合不同养老服务供应商的服务渠道，使老年人及家属能够通过电脑、智能手机、智能电视、智能穿戴设备等智能终端发出服务请求，让服务者和被服务者都能享受到网络信息化所带来的便利。总之，利用大数据、云计算和物联网等信息技术，使社区的养老资源得到有效整合，使各个养老服务参与主体能够紧密联系起来，实现养老服务的信息化、智能化、服务内容的标准化。互联网与社区居家养老服务的融合发展不仅有利于合理配置养老资源，使社区居家养老服务事业得到长期有效的发展，而且也是互联网时代下提高老年人生活质量的必然趋势和最终目标。结合相关文献概述，本书接下来将从需求界定、逻辑划分和架构设计三个方面展开对“互联网 + 社区居家养老”服务平台构建思想的描述。当然，除此之外，包括平台的技术原则、技术标准、数据架构、数据标准、管理标准、业务标准、接口标准等在内的各项技术标准也需要被重点考虑。

(1)“互联网 + 社区居家养老”服务信息平台的需求界定

平台的需求界定是整个平台建设的基础。因为需求的合理确定不仅能使平台的运营方或管理方及时了解平台各方参与者的服务预期，从而设计出平台所要具备的功能，而且有利于平台的各方参与者了解自己的权利和义务，这对平台的持续健康运行意义深远。总体来看，“互联网＋社区居家养老”服务信息平台的需求界定主要包括以下四个方面：一是服务消费主体，二是服务提供主体，三是服务监督管理主体，四是服务支付结算主体。

第一，服务消费主体主要是指居家老人及其家属。他们的服务需求主要是利用老年人及家属操作平台和社区居家养老服务信息平台寻求多样、个性化的服务，包括生活照料服务（含生活起居、穿衣、吃饭、理发、洗衣、拖地等服务）、医疗护理服务（含医疗救助、送医送药、疾病诊断、健康管理、日常体检、健康咨询等服务）、精神慰藉服务（含社区活动、子女探望、志愿者陪同聊天、在线交流等服务）、紧急救援服务、环境改善服务、家政服务等。

第二，服务提供主体主要是指社区服务工作人员、社区医生、家政公司及其他社会养老服务机构。这部分人员和机构是养老服务的直接提供者，他们通过养老服务供应商操作平台和社区居家养老服务信息平台及时接收社区居家养老服务管理中心传递的关于老年人的服务请求，并及时派人提供服务。这些服务包括平台的日常运营，业务的拓展，收集老年人的服务需求，服务的如期结算，并与服务消费者、服务支付方、服务监督方保持联系。当然通过该平台还可以直接建立与消费者的联系，也可以为本单位的服务人员提供有针对性的技能培训等。

第三，服务监督管理主体主要是指社区居家养老服务管理中心和各级政府相关管理部门。社区居家养老服务管理中心的服务主要是通过社区居家养老服务管理中心操作平台进行，包括了解老人的养老服务需求，制定服务标准，实现数据的查询和统计功能，对服务人员进行业绩考核，对服务供应商建立准入和退出机制。而政府相关管理部门在服务标准、服务规范、服务资源分配方面理应扮演重要角色，因此他们要了解老人的养老服务需求，制定各类服务的标准和规范，从而方便对服务提供者的监管。同时，政府相关管理部门通过该平台实现数据的查询和统计，为相关决策提供数据支持。

第四，服务支付结算主体主要是指老年人及其家属、养老服务供应商及服务中介、养老服务工作人员、保险商、社区居家养老服务管理中心和政府相关管理部门等。显然，老年人及其家属是养老服务的直接消费者，因此也是养老服务的直接支付人；养老服务供应商和服务中介以及养老服务工作人员是服务的直接提供者，因此也是费用的结算方；社区居家养老服务管理中心和政府相关管理部门是相关补贴费用、养老金收支的管理方；保险商则根据情况提供相应的保险支持。各方参与主体的共同需求是了解支付结算信息，可以通过标准化的平台支付结算接口进行实时管理，方便各方查询。

（2）“互联网 + 社区居家养老”服务信息平台的逻辑划分

平台的逻辑划分是整个平台建设的框架。基于上面对各养老参与主体的需求界定，“互联网 + 社区居家养老”服务信息平台应根据不同养老参与主体的需求将平台功能划分为若干逻辑部分，并使之互通互联，不断优化。总体看来，该平台的功能逻辑可以划分为以下四个部分：一是老年人及其家庭部分；二是社区居家养老服务管理中心部分；三是养老服务供应商部分；四是政府管理部门部分。

第一，老年人及其家庭部分主要是为了满足老年人的服务需求，所以该部分应该以各种智能养老服务终端为中心，包括智能手机、智能手环、智能血压计、智能电视、家庭电脑以及其他安全监控设备，为老年人提供及时、多样、适宜于老年人使用的社区居家养老服务全覆盖系统。

第二，社区居家养老服务管理中心部分是“互联网 + 社区居家养老”服务平台的核心部分。该部分的作用是实现养老服务的供需对接、交易结算，同时也发挥着评价与反馈、资源分配等管理作用。该部分功能的发挥需要多个系统的有机配合，包括互联网及硬件支持、基础信息数据库系统支持、养老服务子系统即业务系统支持以及操作应用系统的支持。

第三，养老服务供应商部分的目的是接收社区居家养老服务管理中心的服务指令并为老年人提供相应的服务，满足老年人的服务需求。该部分将有利于充分利用服务商的人员、设备和技术，进而不断增强自己的服务响应能力，改进服务质量。

第四，政府管理部门部分则是服务的监管平台和政策发布平台，通过评估和监管服务商的资质及其提供的养老服务质量，做好服务商的市场准入和退出机制。

（3）“互联网＋社区居家养老”服务信息平台的架构设计

平台的系统架构是整个平台建设的核心。平台建设的好坏直接关系到供需双方能否建立有效的联系，是否能够充分发挥互联网、大数据和云计算的优势来提升养老服务的质量和管理效率，进而影响到平台的长期稳定运行。通过查阅相关文献资料，本书对“互联网＋社区居家养老”服务信息平台的系统架构做了一些简要设计，以期为各地的社区居家养老服务信息平台的建设提供参考。“互联网＋社区居家养老”服务信息平台的建设主要分为四个层次，分别是硬件设施层、基础数据层、服务支撑层和操作应用层。

第一，硬件设施层包括支撑整个系统平台正常运行的网络环境、系统软硬件以及老年服务终端设备等基础设施，是整个平台的基石。第二，基础数据层包括各类数据库、数据交换平台以及更深层的数据挖掘等，该层实现了各类信息资源的存储、更新、共享及与服务支撑层的协同联动，是整个平台的基础。第三，服务支撑层指上文所描述的养老服务子系统即业务系统，是该平台实现预期功能的关键，是整个平台的骨架。服务支撑层包括社区居家养老综合服务门户、社区居家养老服务业务受理系统、基础信息数据库管理系统、社区居家养老地理信息系统、手持终端和微信平台系统、紧急求助系统、风险防控系统、支付结算系统等。服务支撑层通过对社区居家养老服务需求的识别、分配、统计和决策，在数据层和硬件层的支持下为操作应用系统的顺利运行提供综合支持。第四，操作应用层主要包括社区居家养老服务老年人及家属操作平台、社区居家养老服务供应商操作平台、社区居家养老服务管理中心操作平台三部分，是整个平台的主体。老年人及家属操作平台主要是通过家庭的各类服务终端与社区居家养老服务信息平台的相关系统进行通信连接，保证老年人的服务需求能得到及时传递和回应。社区居家养老服务供应商操作平台包括家政服务机构操作平台、医疗卫生机构操作平台等，他们是养老服务的直接提供者。居家养老服务管理中心操作平台是养老服务的监管者。服务支撑层和操作应用层共同组成了整个平台的窗口，一方面将外部老年人的需求引入，另一方面将内部的养老资源整合成可用的服务输出。由此可见，“互联网 + 社区居家养老”服务信息平台的建设使社区居家养老服务突破了社区的地理和空间局限，同时有效整合了社区内的多种养老服务资源，使老年人足不出户就能享受到多样化、个性化、智能化的养老服务。

总之，通过“互联网 + 社区居家养老”服务信息平台，老年人及其家属可以进行就诊预约挂号、远程教育、法律援助、养生旅游等服务。各级民政部门和社区居家养老服务管理中心可以进行老年人档案管理、服务对象筛查、服务需求管理、服务补贴管理、养老机构管理、供需对接管理、服务结算管理、服务质量监管、设施设备管理等，进而形成综合数据库。相关养老服务供应商也可以及时掌握老年人的服务需求，进而灵活地提供养老服务，实现养老资源的优化配置。

四、运营机制

“互联网 + 社区居家养老”服务信息平台不仅能够方便老年人及其家属，社区居家养老服务管理中心也能够有效整合养老资源，提高养老资源的利用效率，对政府部门来说还能够提高社区居家养老服务的管理水平和监管水平，促进“互联网＋社区居家养老”服务模式的健康发展。当统一的“互联网＋社区居家养老”服务信息平台建设完成之后，该平台是如何运营的呢？事实上，我国社区居家养老的现状和趋势就是政府监督指导下的市场化运营机制，即居家老年人提需求，网络平台搞通联，加盟企业、志愿者、社区服务站做服务。这种机制无论对政府、运营单位、加盟企业还是老年人都具有明显的优势，能够可持续运营发展。

第一，“互联网＋社区居家养老”服务链条向前延伸，包括老年人信息的实名认证和相关数据的收集及利用。该信息平台的基础数据库管理系统具有收集和更新老年人基本信息的功能，社区工作者通过走访调查，录入社区内老年人的基本数据，包括身高、年龄、性别、经济收入状况、受教育程度、家庭住址、子女数量及职业、是否享受低保、身体健康状况等。只要被服务老年人的信息被录入统一的社区居家养老服务信息平台，老年人在首次使用该平台时，该平台会通过连接社保卡或者身份证号等途径对老年人的身份进行认证，一旦身份认证成功，无论今后老年人在什么时间、什么地点提出服务需求，该信息平台都能够有效识别进而提供相应的服务。随着老年人基础信息的完善，还需要充分利用其他功能数据库进行需求的分类和处理，比如日常生活照料服务需求，健康管理服务需求，社区活动和精神慰藉服务需求以及紧急救援服务需求等。每个相对应的数据库分别处理每个类别的需求，进而自动联系合适的养老服务供应商或者社工为老年人提供服务，及时有效地满足老人的各项养老服务需求。

第二，“互联网＋社区居家养老”服务链条向后延伸，包括养老服务的监管评估以及项目合作机构的加盟或者招标采购。一方面，为了保证“互联网＋社区居家养老”服务模式的健康发展，必须在该信息平台上设置相关的监督和评价模块、风险防控模块、紧急呼叫模块等。这些模块系统具有保障“互联网＋社区居家养老”服务信息平台长期稳定运行的作用，尤其是监督与评价系统有利于监督和评估社区居家养老服务提供者的服务质量，促进社区居家养老服务质量的不断提高，也为社区工作者的绩效考核提供了参考。另一方面，为了充分发挥市场机制在“互联网＋社区居家养老”服务链条上的作用，社区居家养老服务管理中心需要采取招标采购和审核加盟的方式，将社区周边的养老服务机构、商场、理发店、洗衣店、超市等商家接入统一的社区居家养老服务信息平台，从而不断丰富社区居家养老服务的内容。同时，政府要通过各种措施鼓励相关企业加大创新力度，开发出更多实用性强的智能养老产品，不断提高养老服务的供给质量和供给效率。

五、管理机制

养老服务作为一种准公共产品，需要由各个养老服务参与主体共同提供。借鉴福利多元主义理论，“互联网＋社区居家养老”服务需要整合政府、企业、社会、社区、家庭这五种力量才能健康发展。因此在管理上需要充分发挥政府在整合资源方面的执行能力和对养老服务的监督能力，充分发挥优胜劣汰的市场激励机制，充分发挥社区和家庭第三方的监督和评价作用。目前的居家养老普遍采用市、区、街、社区四级联动的管理体系，在市级、区级、街道设有社区服务中心（或居家养老服务中心），在社区设有社区服务站（或居家养老服务站）来承担便民服务、养老服务和政务咨询等。

根据我国的行政体制和政府职能划分，“互联网＋社区居家养老”服务应该在国务院的统一领导下，由各地的民政部门和地方老龄委牵头统一管理，实行基于行政区域划分基础上的层级领导体制，即按照省、市、区（县）、街道、社区五级实行民政部和地方老龄委管理下的双层领导体制，每一层级的民政部门和老龄委向上一级负责和汇报工作。同时，每一级的民政部门和老龄委需要协调同一级别的人力资源和社会保障部门、卫生部门等相关职能部门共享老年人信息，共同为满足老年人的养老服务需求出谋划策。此外，每一级的民政部门和老龄委需要通过给予政策支持、财税优惠、基础设施建设投入等方式，积极引导地方相关企业和养老服务机构加入社区居家养老服务信息平台，并通过委托代理、招标采购、政府购买等方式，将社区居家养老服务部分或者全部外包给相关养老服务机构，交由专业机构运营，民政部门和老龄委需要做好市场准入、监管和评估工作。而社区居家养老服务管理中心则需要配合民政部门和老龄委的工作部署，做好老人的信息收集、更新、维护等管理工作，同时要做好基层调研和回访工作，守好监管服务的最后一道防线。总之，要整合每一行政层次的管理部门，明确他们的责任和义务，从而建立统一集中管理、多部门合作的“互联网＋社区居家养老”服务管理机制。

第四节　政策建议

“互联网＋社区居家养老”服务模式的建立离不开政策扶持机制、资金投入机制、人才投入机制、物质资源投入机制等，因此培育和发展“互联网＋社区居家养老”服务模式，需要对社区内的人、财、物进行统一管理和安排，当然也离不开政府、企业、社会、社区和家庭五种力量的协同合作。在老龄化日益严重的今天，要想破解目前我国城市社区居家养老服务存在的各种困境，就必须在政府的主导和统一规划下，相关养老服务供应商积极参与并协同创新，社区和家庭等各方力量共同参与合作。本章接下来将分别从法律法规、监管机制、政策支持、产业支撑、网络设施、智能产品、信息平台、数据利用、人员培养等方面提出相关建议，促使“互联网＋社区居家养老”服务模式尽快落地生根，发挥独特优势，更好地为老年人提供快捷、及时、灵活、多样、智能的养老服务，进而不断提高老年人的养老服务质量，提升老年人的晚年幸福指数。

一、加快法律法规和数据规范建设，建立健全监督和评估机制

目前虽然涉及社区居家养老服务的政策有很多，但是这些政策大都出自某一个或者某两个部门，只针对养老服务的某个具体方面，内容显得比较杂而碎，缺少部门间的联动协作，导致这些规范性意见缺乏系统性。而且这些政策文件往往是以概念说明为主，尚未对"互联网＋社区居家养老"服务制定完整的政策支持体系，也没有建立起"互联网＋社区居家养老"服务实践的具体标准规范，因而对"互联网＋社区居家养老"服务的实践指导作用不强。社区居家养老服务信息平台的标准建设是"互联网＋社区居家养老"服务模式实施的保障，平台标准应包括数据标准、技术标准、管理标准以及业务规范等。此外，"互联网＋社区居家养老"服务的健康发展还需要政府的统一监管，否则很容易出现养老服务质量不达标的现象。

（1）加快法律法规建设，建立数据标准规范体系

目前我国"互联网＋社区居家养老"服务缺乏统一的标准规范，各地在实践中建立了不同的数据库和技术标准，各地的基础信息数据无法有效地整合、衔接和共享。因此，发展"互联网＋社区居家养老"服务模式的当务之急就是要进行统筹规划，统一布局，政策与数据规范先行。首先，政府应抓住互联网蓬勃发展的契机，高度重视"互联网＋社区居家养老"服务标准和基础信息数据标准的制度建设。从宏观层面制定相关的发展规划，加强网络信息保护和信息公开制度建设，加快制定大数据隐私保护和数据质量管理制度。同时积极研究推动数据资源权益相关立法工作，确保基础信息数据在存储、分享、利用的过程中能够安全稳定。其次，政府应该尽快建立统一的"互联网＋社区居家养老"服务信息平台以及相关智能养老产品的技术标准，加快建立大数据市场交易标准体系，建立健全"互联网＋社区居家养老"信息服务平台的数据和技术标准规范体系，包括基础信息数据库系统（老年人信息数据库、养老服务机构及服务人员数据库、社区医院及医生信息数据库、义工及志愿

者信息数据库、政策法规和技术标准数据库)、业务系统(社区居家养老综合服务门户系统、社区居家养老服务业务受理系统、基础信息数据库管理系统等)和操作应用系统的数据和技术标准。最后，加快建立社区医院、养老服务供应商、社区居家养老服务中心和政府相关部门的数据接口标准和统计口径标准体系，促进基础信息数据在不同单位和机构间的互联互通。只有这样才能避免出现各地数据库不能对接和共享的问题，为老年人将来在异地享受养老服务奠定良好的数据基础。

(2)建立健全监督和评估机制，保障服务质量

政府除了在促进“互联网+社区居家养老”服务模式发展方面制定一系列的政策法规之外，在服务监督和服务评估方面也应该予以重视，要建立社区居家养老服务的法律保障机制、监督机制和评价机制，推动服务绩效改进。首先，政府要制定相关的服务标准，对企业提供的养老服务和智能养老产品予以监管，分别制定服务、技术标准，使企业、社区居家养老工作者以及养老志愿者在提供相关服务的时候有参考标准。其次，政府要严格审核参与提供智能养老产品和智慧居家养老服务的企业资质，建立健全产品和服务准入制度。再次，社区居家养老服务管理中心要建立健全社区居家养老服务的监督和评估机制，依托社区居家养老服务信息平台，通过老年人的服务评价和满意度调查，对提供社区居家养老服务的相关企业、社区居家养老工作者以及养老志愿者进行绩效考核，并分别建立一套奖惩机制，对表现好的社区工作者和志愿者予以经济和精神表彰，鼓励养老服务供给主体不断提高服务质量，也为与更多优秀企业建立长期合作关系提供参考。最后，社区居家养老服务管理中心要不断完善社区居家养老服务满意度调研制度，通过走访调查和座谈会形式确保满意度数据的真实可靠，防止出现老人“被满意”的情形。一旦发现相关企业和人员弄虚作假，予以严厉处罚，从而保证“互联网+社区居家养老”服务的健康发展。

二、加大政策支持力度，完善“互联网＋社区居家养老”产业链

“互联网＋社区居家养老”作为一种公共服务，不仅需要政府的大力推动，也需要相关企业不断创新，更需要社会力量共同参与合作。在政府责任优先与社会多元协作相结合的前提下，充分发展以社区为基础的老年人养老服务社会支持体系。政府除了在法律法规、数据规范、网络建设、数据应用等方面需要率先发挥作用之外，还要通过出台各种资金扶持政策，比如财政、税收等方面的优惠政策，来鼓励和引导社会资本进入“互联网＋社区居家养老”服务领域，不断丰富社区居家养老服务的内容。总之，加强社会各方力量的协同合作，不断完善“互联网＋社区居家养老”服务产业链，有利于促进“互联网＋社区居家养老”服务落地生根。

（1）加大政策支持力度，强化社会力量合作

“互联网＋社区居家养老”服务的顺利发展需要整合政府、企业、社会、社区以及家庭等方面的力量，需要各方的通力合作。首先，政府应该通过各种优惠政策，比如资金支持、场地支持、人员支持等积极吸纳社会力量共同参与社区居家养老服务的建设。其次，政府部门要加大对相关大数据企业的支持力度，尽快完善土地、财税、金融等扶持政策，强化财政专项资金的引导功能。一方面加大对老年人使用智能养老产品的补贴力度，另一方面加大对提供智慧养老服务企业的政策和资金支持力度，帮助企业不断提高创新能力，降低生产成本，使智能可穿戴设备的使用更加经济实惠，更加便捷。再次，各级政府要积极与养老服务中介机构、大数据企业、互联网企业开展合作。政府部门可以通过服务采购、服务外包、社会众包等多种方式，依托大数据企业分析利用养老大数据，依托专业养老服务机构提供养老服务，充分发挥各个养老服务供给主体的专业化优势，进行协同创新。此外，社区居家养老服务管理中心要积极利用社区居家养老服务信息平台，一方面积极招募社区居家养老志愿者，建立“养老服务电子时间银行”，为志愿者搭建完善的奖惩机

制，促进养老志愿者队伍蓬勃健康发展，另一方面加大对低龄、身体健康且有意愿服务他人的老年人的培训，促进老年人自我养老、自助养老的形成，缓解社区专业养老服务人员不足的问题。最后，积极吸纳社会公益组织、慈善组织、非营利组织以及专业养老服务机构、医疗机构等企事业单位加入社区居家养老服务信息平台，通过多方力量的协同合作，为居家老人提供便捷、灵活、多样的养老服务。

（2）完善"互联网＋社区居家养老"服务产业链

目前我国的社区居家养老服务事业尚未形成成熟的商业模式，各环节常常各自为政，连接性不强，缺乏规模经营，导致单位成本较高，盈利能力较弱，碎片化严重，养老服务资源没有得到充分利用。所以，今后"互联网＋社区居家养老"服务事业的重心应该放在完善产业链上面，通过市场培育、产业拓展，积极发展老年电子商务、老年培训、老年互联网金融等新兴业态，促进产业链的延伸。首先，要发挥政府在完善社区居家养老服务产业链上的宏观调控作用，制定一系列的扶持政策，促进上游企业加大研发力度，开发更多适合老年人使用的智能产品，培育一批具有创新活力的知名企业和品牌。同时不断完善社区居家养老服务信息平台的功能，为"互联网＋社区居家养老"服务模式的健康发展提供基本的技术保障和信息保障。其次，上游企业要充分发挥自己的优势，在国家相关政策的支持下，大力发展老年生活照料、老年生活用品、老年健康服务等领域的信息化应用及智能终端。同时加强与基层社区的沟通联系，及时了解社区老人具体需求，有针对性地完善自己的养老产品，为社区提供适宜的信息技术帮助。最后，社区管理部门也要积极和相关养老服务企业沟通交流，整合社区周边的理发店、商场、饭店等相关企业，为社区老人提供专业化的养老服务。总之，只有不断完善"互联网＋社区居家养老"服务的产业链，确保上下游企业和客户紧密连接，才能实现经济效益和社会效益的最大化。

三、加强网络基础设施建设，大力发展老人智能感知终端

众所周知，便捷的网络服务是“互联网+社区居家养老”服务顺利发展的软件保障，而功能多样、易于使用的智能可穿戴设备则是硬件保障。目前我国已经基本普及了互联网，但是网速和资费有进一步改善的空间。同时，我国目前开发的相关智能养老产品同质化比较严重，有些未能充分考虑老年人的生活习惯和使用能力，很大程度上削弱了这些智能产品在养老服务方面所起的作用。因此，要想加快发展“互联网+社区居家养老”服务，必须一手抓网络基础设施建设，一手抓智能可穿戴设备的创新。

（1）加大网络基础设施建设，提高网络服务质量

我国互联网普及率快速提升，移动互联网发展也非常迅速。与此同时，反映国家互联网投资宏观环境的信息传输计算机服务和软件业的社会固定资产投资这两个指标也在不断增加，说明我国的互联网基础设施建设正在不断完善和发展。但是我国的互联网发展现状还远远不能适应大规模开展“互联网+社区居家养老”服务的要求，尤其是在网络普及率和网络资费方面还存在较大可以改善的空间。因此，必须采取有力措施努力提高我国互联网的普及率，同时降低网络资费成本。首先，加大对基层社区和城市偏远地区互联网基础设施的投资力度，改造社区的光纤网络，提升几大通信运营商的网络通信能力，促进不同通信运营商网络间的互联互通，从而提高这些地区互联网的普及率。其次，通过技术升级和提高管理水平等各种措施有效降低网络资费，加大对基层社区网络基础设施建设和运行维护的力度，有效降低基层社区访问互联网的故障率，使互联网服务真正走入各行各业和千家万户。最后，加快实施“宽带中国”战略，在提高互联网普及率和降低网络资费的同时逐渐提高互联网的访问速度，加快更新老旧设备，通过技术手段不断提高网络服务的质量。

（2）大力发展老人智能感知终端，实现远程服务

目前我国智能可穿戴设备发展十分迅速，尤其是与医疗、康复、健身

相关的产品更是层出不穷。但是，很多智能养老产品存在着各种各样的问题，比如很多厂商生产的智能养老设备同质化比较高，产品单一，而且价格昂贵，老年人不仅挑选余地不大，而且经济上难以承担；有些产品使用方法烦琐，必须配套智能手机或者智能电视才能使用，造成部分老年人很难熟练操作，不得不放弃使用这些产品；还有一些智能产品功能有限而且使用不够灵活，没有考虑到老年人的生活习惯和使用习惯，不能很好地满足不同老人的养老服务需求，没有体现人性化。因此，要想顺利开展“互联网＋社区居家养老”服务，很重要的就是要大力发展老年人智能感知终端，实现远程服务。首先，企业要积极调研，在了解社区居家老人各项养老服务需求的基础上，针对不同类型的老人开发多样化智能养老产品。其次，企业要与科研部门合作，不断创新产品设计，在使用方法和产品价格上做减法，在产品功能和社会经济效益上做加法，开发出安全有效、多种多样、易于使用、功能实用、价格低廉的智能养老产品。最后，企业要注重自己的知识产权保护，推进专利资源战略储备与布局，严厉打击各种网络侵权假冒行为，防止出现不必要的纠纷和损失。

四、建立统一的居家养老服务信息平台，应用养老信息大数据

“互联网＋社区居家养老”服务的关键一环就是建立统一的社区居家养老服务信息平台，统筹规划，统一布局，不仅可以将社区老年人、社区医院、社区工作者、社区志愿者、政府相关机构以及各类养老服务供应商集合在一起，充分挖掘各方的数据信息，根据老年人需求实现智能分析和调配，极大地提高社区居家养老服务中心的服务效率和管理效率，而且可以将各地的养老信息服务平台对接起来，有效地解决老年人异地养老服务结算问题，同时也有利于调配周围社区的养老资源，实现养老资源利用的最大化。

（1）建立统一的社区居家养老服务信息平台，实现智能分析

“互联网＋社区居家养老”服务的顺利发展需要打通政府部门、社区、

养老服务机构等相关单位的壁垒，实现信息的实时交互，建立一个统一的社区居家养老服务信息平台。通过这个信息平台将各方资源整合在一起，通过对居家老年人养老服务需求的智能分析，有针对性地提供服务，从而极大地提高社区居家养老服务管理中心的管理效率和服务效率。同时，老年人能否接受“互联网＋社区居家养老”这一新模式，很大程度上取决于该平台使用是否方便、功能是否齐全、数据保护是否安全等因素，因此必须不断完善和优化“互联网＋社区居家养老”服务信息平台的设计。第一，社区居家养老服务信息平台应该具备安全性，能够有效保护基础数据库信息和其他重要隐私信息不外漏，能够有效抵御黑客的攻击，并且不同用户具有不同的访问权限。第二，社区居家养老服务信息平台应该具备统一性，各地的社区居家养老服务信息平台的数据库系统和构建模块应该基本类似，方便各地的业务系统能够有效对接，实现养老资源跨地区流动。第三，社区居家养老服务信息平台应该具备开放性和可扩展性。为适应未来养老需求的变化，该信息平台的架构设计应采用扩展性强的体系结构，同时预留对外接口，方便与政府部门的系统进行连接、数据交换。第四，社区居家养老服务信息平台应该具备实用性和可操作性。该信息平台的建立能够有效满足老年人和社区居家养老服务管理中心的需求，尽可能提高系统的响应速度，不断简化操作流程，方便开发人员进行维护。显然，通过利用信息化手段来整合养老资源、收集老年人生活和健康方面的信息，让服务者和被服务者都能享受到网络信息化所带来的便利，才是社区居家养老服务信息平台建设的目的。

（2）科学应用养老信息大数据，提高经济效益和社会效益

通过建立统一的社区居家养老服务信息平台，将政府、企业、社会、社区、家庭五种力量有效整合在一起，一方面深度挖掘社区老年人的养老服务需求，另一方面集合各方力量，通过社区居家养老服务信息平台的智能分析，及时有效地对老年人的养老服务需求做出回应，变被动为主动，

更好地为老年人提供养老服务。因此，在集合各方资源的前提下，如何有效挖掘数据信息，如何更有效地利用这些信息为老年人提供养老服务，将成为非常重要的一环。首先，依托社区居家养老服务信息平台中的基础信息数据库系统，不断简化各种数据收集、存储、交换和分析的流程，提高数据的响应速度和安全系数。其次，通过社区居家养老服务信息平台的智能分析功能，深度挖掘老人的养老服务需求，及时调配合适的养老服务供应商有针对性地提供服务。比如通过老年人的智能可穿戴设备，老人的心跳、血压、血糖、脂肪率等相关数据会实时传递到社区居家养老服务中心，一旦老人的身体指标发生异常就可立刻报警，社区居家养老工作者便会立刻联系对接的周边医生进行上门服务，可以及时有效地挽救老年人的生命。最后，通过深入分析老年人的养老需求历史信息，也能够为周边的养老服务机构和企业提供明确的发展方向。同时，也为社会资本进入养老服务领域提供一定的参考价值，方便一些养老服务中介机构有针对性地发展老年电子商务和老年培训。此外，利用大数据的相关技术，可对老年人的健康信息、生活习惯、购物习惯进行综合处理和纵向分析，为相关决策和科学研究提供数据基础。总之，科学合理地利用养老信息大数据，能够产生巨大的经济效益和社会效益。

五、加快养老专业人才培养，加强老年人信息技术教育

目前我国发展“互联网 + 社区居家养老”服务还面临着复合型养老专业人才短缺，老年人对信息技术不熟悉等问题。社区开展“互联网 + 社区居家养老”服务，就需要既懂医疗护理和健康营养知识，又懂信息数据处理、网络开发和维护的社工，而目前这种复合型人才数量还远远不能满足我国开展“互联网 + 社区居家养老”服务的需要。此外，目前退休在家的老年人年轻时候大多都没有受到太多教育，长期疏远网络，对电脑、手机等智能终端的网络操作不熟悉，而且也不太愿意接受新鲜事物，导致出现

银色数字鸿沟。

（1）加快养老专业人才培养，提高养老服务人员工资水平

目前大多数社区居家养老工作人员都是非专业人员，部分是高龄下岗职工再就业，部分是退休人员义务帮忙，还有一部分是外聘的农民工，他们一般只懂得如何护理老年人的基本生活，对信息技术的使用能力不强。同时，由于待遇和社会地位比较低，工作流动性比较大，职业认同感较差，社工队伍不够稳定，直接影响到了社区居家养老服务的质量。因此，要根据"互联网 + 社区居家养老"服务发展的趋势，加快建立与之相适应的人才培养体系，加大养老专业人员培养力度。首先，加快复合型人才培养，加强对职业技能人才的实践教学。政府部门要鼓励高校根据社会发展需要设置相关专业，培养一批系统接受过养老服务知识和数据处理知识的复合型人才，同时不断提高他们的实践能力。其次，创新养老服务人才培养模式，一方面可以通过校企合作进行人才的订单式培养，另一方面也可以通过院校间的联合培养，充分利用不同院校的学科优势开展跨学科、跨领域的人才培养。再次，建立完善的社区居家养老服务人员培训体系，提高养老服务工作者的职业素养和专业技能，提升"互联网 +"时代社区居家养老服务人员的社会形象，吸纳更多高素质人才到社区工作。最后，不断提高基层社区居家养老服务工作人员的工资水平，通过市场化手段吸引相关专业人才到社区工作。同时建立健全考评和激励机制，使有专业技能的社区工作者获得应有的职业发展前景，使他们愿意留、留得住。

（2）加强老年人信息技术教育，消除银色数字鸿沟

第 39 次《中国互联网络发展状况统计报告》显示，上网技能缺失以及文化水平限制仍是阻碍非网民（老年人）上网的重要原因。老年人由于年龄和受教育水平的原因，对互联网信息技术缺乏了解，导致无法很好地使用信息技术所形成的一种数字认知障碍，就是所谓的银色数字鸿沟。这种银色数字鸿沟很大程度上影响了老年人对相关智能养老产品的认知和接受，

导致很多智能养老终端没有充分发挥出它们的功能，阻碍了“互联网＋社区居家养老”服务的快速发展。因此，加强老年人信息技术教育、提升老年人上网技能和对互联网的需求是推动“互联网＋社区居家养老”服务模式发展的重要手段。首先，社区要成立专门的信息技术教育工作小组，针对不同类型的老年人定期开设多样化的培训，使社区老人基本具备使用互联网和利用信息技术的能力，从根本上消除银色数字鸿沟带来的弊端。其次，企业在开发和设计相关智能养老产品的时候，要根据老年人的生活习惯和使用能力，设计更多易于操作、安全可靠的产品，减少老年人在使用过程中产生的认知障碍。再次，企业在推广智能产品的同时，要联合社区服务机构开展相关产品使用的专门培训，减少老人不必要的使用麻烦。最后，政府部门要制定帮扶措施，通过资金补贴等方式使老年人能够免费接受社会相关机构的培训，引导老年人初步掌握互联网的使用技能，提高他们在日常生活中使用信息技术的能力。

第八章

智慧居家养老社区管理模式

随着我国人口老龄化现象的日益加剧，传统的居家养老模式难以适应沉重的养老压力。尤其是即将肩负重任的“80后”和“90后”，他们中大多数是独生子女，将要独自承担起赡养老人的义务。基于此，社会急需新的养老模式来缓解社会养老压力，更好地为老年人的生活提供保障。

第一节　优势分析

一、概念

智慧社区居家养老模式是以社区为核心，利用互联网数据平台为居家老人提供养老服务的一种创新模式。该模式包括智慧居家养老和社区居家养老。在“互联网+养老服务”的大背景下，智慧养老将网络信息技术与传统养老、社区组织有机结合，利用互联网、大数据等现代科学技术，为居家养老的老人提供便捷优质的服务。同时利用社区深入基层的特点，着力发挥社区的作用，以社区为中心，选择专业服务机构、监督服务机构，为老人提供日常护理、健康服务和安全监管等行为，具有创新、专业、智能化的特点，旨在为老年人提供更加安全、便捷、健康、舒适的服务，提高老年人的生活质量和幸福感。其关键在于对老年人身体健康和日常安全管理的正确认知，以及根据老年人的需求，整合社区、医院、服务机构和政府资源。总而言之，这是一种居家、社区、互联网“三位一体”的创新养老模式。

二、比较分析

智慧社区居家养老模式与传统的养老模式相比，具有以下优势。

（1）有利于减轻家庭养老的负担

目前，我国的养老模式仍然是以传统的居家养老模式为主，辅之以社会养老。但这两种养老方式都存在着明显的缺陷与不足。在现实生活中，可能很多老年人的子女没有时间照顾和陪伴他们，也没有充足的资金将老年人送往养老院。这种情况下，老年人难以获得高质量的养老生活。而智慧社区居家养老模式，老年人不用离家，子女也不必居家照顾，只需通过社区提供的数据便能及时了解老人的具体情况，根据老人的情况来履行相应的赡养义务。该模式的监督机制使子女随时可以监督社区提供的服务，既能让老年人安心居家养老，也能让子女安心工作，养老压力相应得到缓解。

（2）有利于养老资源的合理配置

在传统的养老服务模式中，社区和大多数养老服务机构不愿公开自己所对应的服务对象及合作机构。尤其在医疗方面，因为信息的不对称，老年人获知服务信息的范围有限，所需的服务无法得到满足，易造成提供服务方资源的闲置和浪费。而在新的智慧社区居家养老模式中，因社区需要公开其对应的服务机构，以及大致的养老对象的相关信息，在一定程度上使需求和供给得到相应的匹配，有利于资源利用的最大化。

第二节 面临挑战

我国目前传统的养老模式还存在许多不足，构建新的智慧社区居家养老模式面临着多方面的挑战。

一、“医养结合”方面的不足

“医养结合”是指医疗机构与养老资源相结合，利用“医养一体化”的发展模式，集医疗、康复、养老、养生等于一体，实现社会资源利用的最大化。整个养老模式中不可或缺的一部分即高水平的医疗服务，由于当下医患比例失调，医务人员匮乏，而医养模式又需要大量的医护人员，现有的养老模式与医疗卫生资源无法紧密结合，要使两者真正结合起来，还任重道远。

二、组织的资金有限

社区居家养老服务需要一定的启动资金，而目前我国社区居家养老的资金主要以国家拨款和社区筹集为主，资金来源渠道很窄。国家拨款是政府对社区的资金投入，目前投入的资金远远低于服务所需的成本。社区筹款主要是养老人员所缴纳的基础金，对于那些经济条件差、无法缴纳或缴足基础金的老年人，可能就无法享受到社区的养老服务。在调研中发现，多数社区居民对社区服务组织的资金来源会产生较大质疑，尤其对个人的出资，这在很大程度上决定了他们是否选择智慧社区居家养老模式。政府的投入不足、出资人的不信任和资金来源渠道的狭窄，造成社区服务组织运作资金严重不足。

三、平台技术的不成熟

社区居家养老服务要通过互联网、人工智能等科学技术实现智能化。但目前的智慧养老平台技术不成熟。一是数据评估不准确，主要体现为对于老年人的健康信息无法智能评析，对所选择的服务范围难以智能分类，无法形成准确的数据。二是信息数据不安全，传统的数据平台对于数据的整合在很大程度上依靠人工进行，易将个人身体健康情况的数据发送给错误的对象，造成数据泄露，可能会侵犯老年人的隐私或者其他权利。三是数据共享性差，因数据处理技术的落后，无法对大量的数据和信息进行及时的分析管理，更多的数据只能停留在过往的数据平台中，造成资源无法充分流动。因此在技术上，传统养老模式的数据管理和分析能力有待进一步提升。

四、缺乏配套措施

当前我国社区居家养老制度体系还不完善。一些养老问题日益凸显，2019 年 4 月发布的《国务院办公厅关于推进养老服务发展的意见》中指出，居家养老的完善需要以社区为依托，机构做补充，完善“医养结合”的养老服务体系。这一意见进一步倡导了社区居家养老模式，但社区居家养老模式如何构建，社区组织如何运行、发展等方面的措施还不明确。在调研的过程中，很多社区居民反映由于社区居家养老相关制度的缺失，社区服务组织存在怠于管理和不作为的现象，严重影响了社区居家养老模式的推进。

第三节　管理模式的构建

一、明确社区的服务内容

当前的养老模式并没有明确社区服务组织的服务内容，这不利于社区作用的发挥，甚至容易导致社区服务组织的不作为或滥作为，因此需要规范和明确社区服务内容。

（1）确定专业服务机构和各种数据平台

社区居家养老服务机构的确定和数据平台的开发使用，可以采用类似政府采购的方式即招投标方式。除此之外，还需由社区群众组织会议以过半数同意的原则对该专业服务机构进行审议，充分保障社区居家养老人员行使选择权，从而确保服务机构和数据平台能够满足社区内大多数养老家庭的需求。

（2）对老人的日常照料和管理服务

对社区内的老人，应当及时安排相应的专业服务人员进行日常照料，并根据老人的需求明确照料的范围。如身体状况比较好的老人，比失能老人所需的服务较少，社区主要提供医疗方面的服务即可，因此要明确对老人的安全和身体健康提供哪些相应的服务。关于医养服务的结合，社区可通过与定点医疗机构对接，安排专业的医务人员，定期为老人体检，监测、记录和分析老人身体健康状况，还应将这些数据信息通过互联网平台及时发送给老人的赡养义务人。

二、提高社区居家养老服务的智慧化水平

社区居家养老服务数据平台技术处理能力的提升，不仅需要加强对专业技术人员的培养，还需要这些技术人员能够将专业技术与养老服务内容紧密结合，通过完善平台对各种信息的处理分析能力，为老人提供优质的服务。在社区老人身上或其家中放置移动终端设备和实时监控装置，提供全天候周到服务，能够及时有效地处理紧急事件、实施救援帮助，以减少人力成本。加大技术的投入，不仅能节约劳动力成本，而且还能提高智慧养老服务质量。

对于数据的共享，社区居家养老服务平台可由政府政务数据系统提供母系统信息和中枢数据监控，并且制定出完善的信息网络安全保障措施。在专业养老服务机构的管理系统与政务系统之间建立关联，由政务系统提供有关服务对象的基础信息数据库，并把控关键数据。其他数据平台要收集数据，则需要向政府相关机构提出申请。

三、拓宽社区居家养老资金渠道

社区居家养老的资金来源可以借鉴其他国家的经验，如日本社区居家养老资金不仅来源于政府拨款，还有慈善捐款和企业支持，且慈善捐款和企业支持占比越来越大。

因此，在我国的社区居家养老模式中，养老资金的来源可以扩展为政府出资、社会捐助和养老家庭的出资。首先是国家养老福利政策补贴，对各社区按老年人口的比例进行拨款；其次是要完善社会捐助机制，鼓励更

多的基金组织点对点扶持相应的社区，增加社区居家养老资金；最后是社区中的老人及其家庭根据个人选择的服务项目，投入一定的养老资金委托社区代为管理。通过增加资金来源渠道，来保障社区居家养老服务组织的运行和养老服务质量。

四、加强对社区服务组织的监督

制定相应的法律法规，尤其对社区居家养老服务组织的运行，要制定相应的法律条文加以规范，加大对其运转行为的监督和管理，赋予社会更多主体以监督权，确保社区居家养老服务有序化和透明化。

在社区中建立由社区居家养老家庭选派代表形成的群众会议，对有关养老服务与资金使用、服务机构的选择等重大问题进行决策，并且发挥监督作用。社区服务组织也应当定期向家庭代表汇报老人的情况，并征求代表的意见和建议。社区群众主动参与养老模式，不仅可以调动大家的积极性，还可以提升养老服务水平。

对于社区所使用的数据平台，政府要加强监管，可根据相关的规章制度有限地公开部分服务数据，如接受社区居家养老服务的人数、对接的基金会和医疗机构等信息。而对社区公开的其他信息，政府应当监管，并且及时处理老年人对信息公开提出的异议。监管是对社区行为的限制，更是对养老人员的负责。

第四节　对策建议

一、完善制度规范体系，保障智慧养老应用发展

智慧养老模式的发展需要完善的制度体系和行业规范，目前我国仅有的相关法规政策难以满足发展需要。从政策层面上完善相关立法，为智慧

养老奠定坚实基础、营造良好的环境，有利于智慧养老的健康发展，促进社会资源的合理配置。国家层面应该建立宏观的指导政策，制定并落实智慧养老行业规范。各个省、市、自治区可根据当地的实际情况，在国家政策的指导下，制定区域发展政策。

我国已经出台多部将智慧养老应用到社区居家养老中的相关政策，但大多是针对单一问题，缺乏总体规划和各部门间的协商合作，需要制定完整的制度体系，指导智慧养老在社区居家养老中的应用。首先，政府应在宏观层面做出智慧养老应用到社区居家养老中的发展规划，完善相关立法工作。智慧养老模式的应用是建立在信息服务平台的基础上的，因此，政府应加快建设数据信息标准体系与智慧养老应用到社区居家养老中的服务标准，加强数字信息安全和信息公开制度建设，推动数据资源相关立法，保障数据在安全的前提下被存储、分享与利用。其次，政府应该尽快完善智慧养老信息平台及老年人智能终端产品的生产标准，规范企业生产行为，避免资源浪费和不正当竞争。住房和城乡建设部发布并于 2020 年 3 月 1 日起正式实施的《养老服务智能化系统技术标准》已对养老服务智能化系统工程建设与运行维护作出了规范，旨在提高养老服务智能化系统工程质量。最后，政府需要统一数据传输接口及统计口径，在政府相关部门、养老服务提供方及社区服务中心中统一使用，促进养老基础数据的传输与共享。

在保障方面，政府应建立智慧养老在社区居家养老中的激励、监督与评价机制，推动智慧养老服务的开展与效率的提高。智慧养老属于前期投入大、资金回收慢的大型公共服务项目，单纯依靠企业发展智慧养老模式在社区居家养老服务中的应用，容易使其成为“贵族”产品，不具有普适性，无法发挥更大的社会效用。因此，有必要建立激励机制。一方面围绕产品的使用与供给制定税收优惠政策。对于智慧养老产品的使用者，政府部门可以将使用费用归入个人所得税调减项目，同时给予智慧养老企业相应的税收减免优惠或资金补助，鼓励发展智慧养老项目。另一方面提升从业人员尤其是养老服务人员的社会地位及工资福利待遇。对于在社区从事医疗保健服务的社区医生，不仅要保障其福利待遇，还要保障他们和在医院工作一样有同等的发展机会。监督机制则需要政府依据相关的服务与生产标准，对为社区老年人提供的服务与产品质量进行监督。同时加强源头治理，建立健全产品和服务准入制度，严格审核智慧养老平台、智能终端产品及服务提供企业的资格。评价机制是提升服务质量、优化智慧养老应用的重要途径与保障。因此，需要完善老年人及其家属对服务质量与产品的评价机制，畅通评价反馈途径，方便其对相关企业和为之服务的社区工作者以及养老志愿者进行评价反馈。

二、营造“智慧”氛围，促进智慧养老应用落地生根

智慧养老模式处于探索发展阶段，社会认知度不高，老年人群体又普遍存在对新事物接受迟缓的情况。因此，更需要政府主导、多方努力，共同营造全社会“智慧养老”氛围，提高全社会对智慧养老的认知度与接受度，促进智慧养老模式在社区居家养老服务中的应用落地生根。

首先，政府运用自身优势，加大对智慧养老模式的宣传。政府宣传本身所具有的强大影响力与公信力，能够快速消除社区老年人对新事物的畏惧情绪，促成老年群体消费观念和养老理念的转变。具体措施有：可以组织开展智慧养老相关讲座，进行智慧养老服务平台与智能终端、服务流程与服务效果的介绍等；可以让老年人免费体验智能产品，现场解答老年人的疑惑，促进老年人对智慧养老的感知与认同。

其次，智慧养老企业加大前期投入，吸引老年群体。智慧养老模式在发展初期不仅认知度低，价格还高，这就更需要提高产品质量与适老性，降低老年人的使用成本，用高质量和价格优势吸引老年群体接受并尝试这一新兴事物。智慧养老产品投入使用的初期阶段，让老年人低价甚至免费使用，不仅能够吸引一部分老年人体验，更容易形成集聚效应，虽前期投

入较大，但容易打开市场。

老年人家属可以作为智慧养老成功落地的有力推动者。作为老年人最亲近的人，家属的推荐与介绍，更容易被老年人接受。企业可以将宣传范围扩大到老年人家属，政府部门也可以采取减免家属个人所得税等方式，通过家属群体推动智慧养老模式落地。

三、政府主导，促进多元主体参与合作

依据福利多元理论，社会公共福利和公共产品供给是全社会的责任。智慧养老在社区居家养老中的应用作为一种公共服务，需要多主体共同参与，在政府责任优先与社会多元协作的前提下，加快发展养老服务社会支持体系。

智慧养老应用于社区居家养老服务中需要多方参与，共同建设。在这一过程中，政府要做服务的购买者、服务效率的裁判者、服务质量的监督者，主导智慧养老在社区居家养老中的应用发展。同时，需要政府帮助企业降低投资风险，既可以直接给投资企业提供资金支持，也可以承诺一旦投资失败企业能够获得相应的税收减免优惠等，以解除企业的后顾之忧。

促进多元主体参与提升智慧养老在社区居家养老中的服务供给，促成完整产业链的形成与延伸。首先，吸引上游产业加入服务系统。如老年人培训类企业，提升老年人的信息技术水平；电子商务企业，为老年人提供专门的电子商务服务，提升老年人的生活幸福感。其次，加强生产企业与社区的沟通。生产企业及时掌握社区老年人的服务需求，有针对性地完善养老产品。社区通过沟通交流及时整合相关企业，更好地为老年人提供专业服务。最后，吸纳志愿组织与高校。志愿组织与高校都可以提供志愿者缓解养老行业人员短缺的问题。

四、构建全覆盖的信息平台，高效管理养老资源

智慧养老模式在社区居家养老服务中的应用建设是一个庞大又繁杂的

工程，其有效运行需要各类资源的整合与对接。因此，需要在政府的顶层设计下，建立覆盖政府相关部门、养老服务组织、社会组织、志愿者组织、金融机构、从业人员以及老年人及其家属的智慧养老信息平台，简化政务流程，促进企业公平竞争，实现资源的高效管理。构建全覆盖的信息平台能够实现一个统一的信息平台统计全国老年群体的基础数据，为制定涉老政策提供参考，同时有利于不同行业之间的数据交换，促进资源的整体开发与有效利用。全覆盖的智慧养老服务平台可以借鉴浙江省发布的“浙里养”智慧养老服务平台框架。“浙里养”智慧养老服务平台框架，将实现一个平台管理全省养老服务、一组数据掌控养老服务态势、一张地图展示养老资源信息、一部手机通办养老服务事项、一套政策服务全省养老体系。“浙里养”智慧养老服务平台以全省养老服务大数据为基础，提供社区居家养老、机构养老、康养结合、医养结合、人才培养、志愿服务、老年产品租售等养老服务，依托受理中心、评估中心、办理中心、支付中心、监管中心等实现多方式受理、统一评估、一证通办、线上支付、严格监管。“浙里养”智慧养老服务平台由政府和市场共建，平台用户覆盖政府、市场主体、老年人及其家属等三类群体，政府用户贯通省、市、县、乡镇（街道）、村（社区），市场主体涵盖养老机构、养老服务组织、社会组织、志愿者组织、金融机构、从业人员等。

五、以老为本，创新适老智能终端研发

老年人对信息技术了解不足，对新生事物一般具有排斥心理，对智慧养老平台的掌握和认知便有了延迟性。我们需要从外部开始，改变老年人对智慧养老模式的认知，提升老年人使用智慧养老产品的信心。这就需要政府加强对智慧养老模式的宣传力度，企业以老为本设计适合老年人使用的智慧产品，以此来促进智慧养老在社区居家养老服务中的应用。

以老为本，就是倡导尊重老年人，针对老年人的实际需求，提供全方

位、多层次的服务，特别要为失能、半失能老人设计开发适合他们的产品。设计养老产品先要了解老年人，知悉老年人的需求，提高产品的适老性，只有这样才能吸引更多的老年人使用进而推广智慧养老产品。例如，考虑到老年群体普遍视力差而且只会越来越差的情况，智能产品的操作界面应尽量大，尽量简单易懂；再有，老年人的动脑、动手能力越来越差，智能终端的操作步骤应尽量减少，可使用形象的图案代替一些专有名词，使内容通俗易懂。

研发更具适老性的智能终端大有可为。企业要充分调研，了解社区居家老年人的各项服务需求，针对不同类型的老年人开发多样化智能养老产品。同时加强与高校和科研院所的合作，借助文化的力量，攻破技术难题，并吸取国外的经验，创造出安全有效、方便简洁且又价格亲民的养老产品。

六、加强人才队伍建设，提升养老服务水平

将智慧养老应用到社区居家养老服务中，人员队伍素质最终决定发展速度和质量，为此我们需要采取以下措施加快建立与之相适应的人才培养体系，加强养老服务人才队伍建设。

一是探索养老服务人才培养机制。建立系统的人才培养模式，专业院校设置康复护理、养老管理等方面的专业，开设系列相关课程，为养老服务行业培养专业人才。鼓励智慧养老企业与高校互助合作，吸引并留住能够胜任智慧养老产品研发与运营的高素质人才。二是加强养老服务人员培训。有计划地培训社区居家养老服务人员，运用吸引外界优秀人才，同时鼓励社区的服务人员出去交流的方式，丰富对各类服务人员等的职业道德和专业技能的提高途径，以提升养老从业人员的专业素养。三是建立养老服务激励体系。引导社会组织、养老企业和服务机构通过发放职位补助等方法对表现突出的养老服务人员提供奖励。四是鼓励专业社工参与社区居家养老服务，凭借社工、社会力量的参与提升社区居家养老服务的效率。五是

支持慈善机构及其志愿组织参与社区居家养老服务，形成全社会重视老年服务的积极氛围。

积极老龄化概念中强调的“鼓励”意味着希望身体健康的低龄老年人参与到公益事业中来，成为养老服务人才队伍的重要组成部分。高知老年人还可以加入产品研发或老年人培训等新兴业态，凭借其深厚的知识储备加之自身作为老年人更易理解老年人的养老需求，能更好地将养老需求转化为养老产品。在进入老龄化社会较早的德国、日本、韩国等国家，老年人再就业已经成为一种潮流。在德国，退休老年人青睐工作时间少而灵活的“迷你工作”，拥有高端技术的退休人员还可以去国外发挥余热；在日本，政府大力支持老年人创业，东京对55岁以上的人员创业给予政策优惠——贷款金额在1500万日元（约83万元人民币）以内的，利息在1%以下；在韩国，以2018年7月的数据为准，65岁以上的出租车司机共7.28万名，占出租车司机总人数的27.1%。国外的经验与数据表明：老龄人口中不乏有能力、有工作意愿的老年人，政府应当重视低龄老年人的发展。可以在智慧养老中单独开发一个“智慧用老”模块，搭建社区居家养老志愿服务平台和互助养老平台，鼓励低龄、健康老年人为高龄、失能老人提供服务，创造新的社会价值。

第九章

前景展望

第一节 发展趋势

由于历史原因，我国社区居家养老模式也呈现出城乡二元化的发展态势。但是随着我国经济发展步伐的加快，人民生活水平的不断提高及对社会保障公平性诉求的增加，我国社区居家养老模式逐步向着城乡一体化的方向发展。

一、城乡社区居家养老并轨的“渐进式统一”模式设想

我国城乡社区居家养老并轨的“渐进式统一”设想模式，制度设计分为启动、提高和衔接三个循序渐进的阶段。

启动农村社区居家养老模式，实现城乡一体化，需要政府主导，除制定合理的制度外，还要率先出资。启动阶段完成之后，需要政府和服务提供商共同努力，逐步提高农村社区居家养老服务水平，在动态推进中缩小城乡间的差距，并择机实现两者的并轨。总结这种模式的特点是循序渐进地推进城乡社区居家养老模式的一体化，并择机实现两者之间的统一。

二、城乡社区居家养老并轨的“阶梯式”模式设想

城乡社区居家养老一体化的“阶梯式”设想模式的制度设计核心是建立介于农村和城市社区居家养老之间的农民市民化制度。它提供的养老服务水平介于城乡之间。随着经济的发展，城乡间二元结构的社区居家养老服务水平差距将会被越拉越大，直接将农村和城市的社区居家养老各种服务项目进行统一的可行性较低，而农民市民化的制度则是一个过渡性质的政策，它对逐渐缩小两者之间的差距起到了缓冲的作用，在实践中的可行性较高。随着我国蓬勃发展的城镇化进程，相当部分的农村老年人将逐渐被引进城市社区居家养老体系中。最后剩余的少部分未享受到城市社区居家养老服务的老年人，政府便可通过增加相应的资金投入，将其一次性地

转入到城市社区居家养老服务体系中去，最终实现完整意义上的城乡社区居家养老服务一体化。

上述两种社区居家养老城乡一体化设想模式的实现条件中，除政府资金支持和制度设计外，缩小城乡居民间的收入差距是关键。因为农民的收入切切实实得到提高后，他们才真正有实力参与到社区居家养老保障体系中。

第二节 未来展望

一、完善相关法规

政府要加强立法，推动社区居家养老模式的法制化进程，并协调相关管理部门，实行统一管理，避免由于多头管理而出现权责难以划分的现象。还应建立健全评估机制，制定出符合我国国情的社区居家养老服务法规，完善、细化具体的操作标准，从制度设计层面对服务提供者的职责、服务提供的标准以及资金来源等方面作出系统的、明确的规定，便于参照执行。政府要退出经营领域，交由市场起决定性作用，政府只起到引导、监督、管理的职责，具体的服务提供者交由市场抉择，由养老机构竞争“上岗”，为社区老年人提供各项优质的养老护理服务。

二、创新政府融资模式，提高服务者待遇

社区为老年人建立日间照料中心和各种活动设施都需要一定的资金投入作保证，而目前社区资金来源主要是靠政府的财政拨款，一小部分是来自福利彩票公益金，总的来说，资金来源有限，投入不足，在一定程度上限制了社区居家养老服务的供给，影响了养老服务的质量的提高。作为一项长期项目，养老是一项对资金依赖性很强的系统工程。要想社区居家养老服务持续有效地进行，稳定的资金保障至关重要。而这仅仅依靠社区或

志愿者的努力是远远不够的，需要国家从制度层面上予以支持。

解决的参考思路：一是通过公开招标的方式与相关公司合作，免费为特定人群开放的同时，向享受某些更高层次服务的老年人收取适当的服务费用，从而扩大资金来源，减轻政府的财政压力。如天津市南营口服务中心即采用了社区和企业合作的方式，取得了一定的效果。二是政府可以从医疗保险中适度提取一部分资金作为社区居家养老的补充基金。三是建立医护协调机制，形成医护一体化。四是创新政府融资模式。为了缓解资金供需矛盾，从源头上改变融资瓶颈，就必须在原有的融资模式基础上进行创新，建立长效、持续的社区居家养老融资模式。通过创建公司合营的开发性金融创新融资模式——以国家开发性银行为依托，国家政策做导向，吸引外商和企业投资，政府将经营社区居家养老服务业务外包给民营企业，这样便形成一个“政府入口、开发性金融孵化、市场出口”的融资新模式。

三、政策扶持，公益和商业相结合

公办养老机构的床位有限，能够享受到服务的老年人数量少，而家庭养老因为子女忙于工作没时间照顾老年人、老年人无子女等情况很难真正保证老年人的照料问题，面对越来越大的养老压力，政府需要鼓励民办养老机构走进社区，给予政策上的帮扶，将其有限的资源投入到为更多老人提供服务上。民办养老机构也要提升自我，达到国家标准，通过申请非营利组织得到国家的资金和政策帮扶，分担国家的养老压力。以天津市某民办养老院为例，从最开始的“M第二护养院”发展成为“助老扶持中心”，直到今天的“N托老所”，诠释了一个民办护养院如何通过提升自身，申请成为国家的非营利组织，从而得到政府的资金和政策方面的扶持，减轻自身运营的负担，能够更多更好地服务于老年人的发展过程。“N托老所”目前的情况是一边做公益一边通过商业化来取得利益，这种做法看似矛盾，实则具有可行性和实用性，为民办养老机构的生存和更好地发展起到了一个示范作用。通过商业化来取得利益是为了更好地做公益，做公益需要运营成本，如果没有一定的收入，是无法保证托老所的正常经营的。所以，政府在民办养老院的发展方面，应给予大力政策支持，民办养老院在自身的经营管理中要注重公益和商业的结合，只有这样，民办养老院才能真正地发展起来，才能更好地为广大老年群体提供长久、优质的养老服务。

四、扩大覆盖面，丰富服务内容

社区居家养老对于很多老年人来说是相对陌生的，他们更倾向于传统的家庭养老模式。针对此种现象，政府应该加大宣传力度，让老年人知道社区居家养老也同样是一种非常好的养老方式，从而扩大参与规模，使社区居家养老服务能够惠及更多的老年人。同时，对提供养老服务的单位要提出更高的要求，做到针对老年人不同的养老服务需求提供更多样化的养老服务，拓宽服务领域，更加注重老年人精神方面的需求。譬如，可以陪老年人聊天，举办文化联谊活动，给孤寡老年人寻找另一半，等等，让社区居家养老的服务内容更加丰富，从而达到提高老年人生活幸福指数的目标。

五、完善社区居家养老配套措施

政府应该大力发展福利彩票事业，取得更多福利彩票公益金，为社区居家养老服务提供更多的资金来源。同时，也要鼓励民间资本投入社区居家养老基础设施的建设中来，并给予一定的税收政策优惠。在建设新的社区居家养老设施的同时，也要整合社区现有养老资源，提高资源的利用效率。除整合现有的、可见的物质资源外，还要建立良好的协调机制，组织各个养老服务机构之间形成合力，以提高工作效率。老龄工作机构作为政府管理部门要督促街道办事处、社区居委会等各司其职，管好各自分内的事务，并号召群众监督。同时，为有效推进养老事业，保障老年人的权益，还要利用信息技术平台，完善社区老年人档案，以便对老年人的日常生活进行实时的、动态化的管理。

六、建设长期护理保险制度

老年人的长期护理既包括对健康老年人，更包括对失能老年人的长期护理。中国长期护理保险的发展方向是建立社会保险性质的护理保险。具体可由国家设立“护理保险专项账户”，采用与养老金一样的方法，企业和个人共同负担保费，在个人养老保险账户下统归社会保障部门管理运营。当投保人达到规定年龄时，国家根据其缴费金额给予其所属服务机构一定数额的补贴，剩余金额返还或直接提供相应标准的护理套餐供投保人进行选择。

七、培养足量的专业护理人才

专业护理人才是社区居家养老服务得以开展的前提和基础，所以专业护理人才的培养工作就显得尤为重要。依托高职教育，培养老年护理专业人才是一条可行的途径。它既从高等教育与职业教育的结合点上开辟了新的专业领域，又扩大了高职院校毕业生的就业渠道，可谓一箭双雕。具体实施过程中，首先应把老年人的养老服务需求进行统计、总结、归纳，划分为不同的类别，然后根据不同的类别对养老服务人员进行专门的、有针对性的培训，对于要求专业性较强的护理内容和项目，服务人员需要持证才能上岗。除此之外，还要提高护理人员的职业道德素质，教育他们对待老年人不仅需要专业的护理知识和实践技能，更需要在护理过程中做到有爱心、有耐心，这样才能给老年人提供贴心、满意的护理服务。适当提高护理人员的薪酬待遇和职业美誉度，不仅能够调动护理人员的工作积极性，还能吸引更多优秀的人员加入老年护理队伍当中来。

结 语

养老问题上，历来存在着不同的见解，有的学者认为我国是在计划生育的情况下快速进入人口老龄化的，随着这一问题的加剧，养老资源和照料资源相对匮乏。因此，我国必须发展机构养老，需要大量敬老院或老年公寓。有的学者认为，盲目地发展机构养老不符合我国国情。就我国的经济条件而言，老年人不可能舍弃自己的家去住老年公寓，同时老年人最需要的是社区环境，因此应主张家庭养老。更多的学者认为在家庭养老功能不断弱化的形势下，应大力发展社会养老，而二者的最佳结合点在社区。尽管现在人们对此意见还不尽一致，但家庭养老、社区入户服务这种观念正在被广大老年人所接受。《中共中央国务院关于加强老龄工作的决定》中明确指出，进一步完善社区为老年人服务的功能。全国老龄工作委员会原主任李岚清曾强调指出，“老年人的生活空间主要在社区，老龄工作的落脚点也应在社区”。这为老龄工作指出了一条路子。发展社区居家养老不仅仅是当代老年人的呼唤，也是老龄化社会发展的必然。没有社区居家养老，养老会成为今天的问题、明天的忧虑。

“医养结合”背景下社会工作介入城市社区居家养老服务具有可行性。首先，政府层面对于“医养结合”的重视与支持，为在“医养结合”下探索社区居家养老的创新路径提供了良好的政策环境。其次，社会工作本身的专业特性决定了社会工作可以在新的变化中寻找创新的突破口。社会工作所遵循的服务对象的差异化原则及有针对性的工作方法，为挖掘新需求、制订新方案提供了坚实的专业保障。在“医养结合”的背景下，城市社区居家养老服务的创新需要多方合作，而社会工作者能够统筹多种专业资源，建立社会支持网络，有效解决社区需求。最后，专家团队的方案和实施意见在敏锐发掘服务对象需求和调整工作计划等方面发挥着巨大作用，理性原则的指导会带来效率的提高，从而实现服务对象需求的满足和问题的解决，也验证了社会策划模式基本假设。基于此，智慧养老模式能够促进社区居家养老的发展与完善，具体表现为促进社区居家养老的供需平衡、增加养老服务项目、提高服务质量、提升服务人员素质、完善养老服务体系等，值得应用和推广。但目前我国的智慧养老模式在社区居家养老的应用处于前期发展阶段，该阶段的智慧养老模式应用到社区居家养老中存在“银色数字鸿沟”、智慧养老缺乏总体设计规划、智慧养老信息化和智能化水平偏低、养老数据安全问题突出、养老服务普遍缺乏专业团队以及智慧养老资源地区分布不均匀等问题。与此同时理论支撑不断完善。优化智慧养老模式的应用，促进智慧养老模式在社区居家养老中的发展，应当完善制度规范体系，营造全社会智慧养老的氛围，在政府主导下倡导多主体参与，以老为本，创新研发智能终端，构建全覆盖的智慧养老信息平台，同时加快养老服务人才队伍建设，提升老年人科技素养。

社区居家养老服务的兴起和发展逐渐成为一项新时代解决社会老龄化问题的新途径。本书通过探索多元主体协同治理与解决社区居家养老问题之间的内在联系，得出多元共治模式是社区（居家养老）治理走向善治的有效模式的结论；进一步分析了如何构建社区居家养老多元主体协同治理模式，主要从转变政府角色、提供制度保障，创新盈利模式、盘活市场力量，完善参与体系、社会组织献力，利用社区资源等角度给出了系统的对策建议，最终构建一个多元主体协同治理的合作共同体，充分发挥各参与主体的优势，共同带领社区居家养老走向善治的美好未来。

参考文献

［1］ 曾昱．人口老龄化与城市社区养老服务模式探析［D］．福州：福建师范大学，2005.

［2］ 曾昱．社区养老服务的发展方向：专业化，产业化和规模化［J］．西北人口，2008(3):38–41, 46.

［3］ 柴彦威，郭文伯．中国城市社区管理与服务的智慧化路径［J］．地理科学进展，2015, 34(4):466–472.

［4］ 陈莉，卢芹，乔菁菁．智慧社区养老服务体系构建研究［J］. 人口学刊，2016, 38(3):67–73.

［5］ 陈友华，吴凯．社区养老服务的规划与设计——以南京市为例［J］．人口学刊，2008(1):42–48.

［6］ 董洪敏．浅谈我国社区养老的可行性［J］．人口与经济，2000(2):56–59.

［7］ 杜翠欣．我国城市社区养老模式研究［D］．大连：大连理工大学，2006.

［8］ 龚静怡．居家养老—社区养老服务：符合中国国情的城镇养老模式［J］．河海大学学报（哲学社会科学版），2004(4):72–74.

［9］ 郭强，郭耀煌，向必灯．我国社区管理模式适应性研究［J］．软科学，2006(1):65–68.

［10］ 胡永琴．人口老龄化背景下城市社区养老机制研究［J］．哈尔滨市委

党校学报，2008(6):6–8.

［11］张少芬．互联网养老产业是突破养老困局的必然选择［J］．经济研究参考，2016(54):32–33.

［12］姜向群，郑研辉．社区养老服务的供需失衡问题及对策研究——以北京市为例［J］．社会建设，2015, 2(4):67–76.

［13］冷熙亮．城市社区管理体制的国际比较与启示［J］．社会，2001(3):39–40.

［14］刘辛．北京市海淀区社区养老服务问题的调查研究［J］．劳动保障世界（理论版），2010(10):7–10.

［15］欧莹莹．城市社区养老问题研究综述［J］．云南行政学院学报，2008(1):122–125.

［16］齐悦．“互联网＋养老”：中国养老新形式［J］．今日中国，2016,65(5):25–27.

［17］邵润轩，徐诚，秦永华，等．“互联网＋”环境下社区居家养老服务分析［J］．健康之友，2020(3):154–155.

［18］睢党臣，彭庆超．“互联网＋居家养老”：智慧居家养老服务模式［J］．新疆师范大学学报（哲学社会科学版），2016,37(5):128–135.

［19］谭英花．我国社区养老服务文献综述［J］．劳动保障世界（理论版），2012(11):45–48.

［20］谭樱芳．社区养老——城镇养老服务保障的新选择［J］．石河子大学学报（哲学社会科学版），2007（5）：87–89.

［21］唐晓英，周溥嘏．社区养老：解决我国农村养老问题的崭新模式［J］．学术交流，2010(4):142–144.

［22］陶铁胜．社区管理概论［M］．上海：上海三联书店，2000.

［23］田原．日本城市社区养老服务的经验与启示［J］．当代经济，2010(9):40–41.

［24］ 王承慧．全面连续、集约高效的社区养老服务设施体系规划思考［J］．城市规划，2013(10):90–96.

［25］ 王辅贤．社区养老助老服务的取向、问题与对策研究［J］．社会科学研究，2004(6):110–113.

［26］ 王海燕．发展城市社区养老 应对人口老龄化［J］．理论学刊，2002(3):67–69.

［27］ 王岚，易中，姜忆南．社区养老服务设施规划的探讨［J］．北方交通大学学报，2001(2):107–110.

［28］ 王宁．城市社区养老需求与社区养老服务体系建设［J］．重庆科技学院学报（社会科学版），2011(11):77–79.

［29］ 王婷，贾建国．我国养老及社区养老现状分析［J］．中国全科医学，2017,20(30):3707–3710.

［30］ 王子飞．“互联网＋养老服务”模式供需评估与发展对策［J］．中州学刊，2020(3):81–86.

［31］ 魏娅．论我国社区养老服务的产业化发展［J］．中国劳动，2012(8):14–16.

［32］ 吴春．智能化养老：“互联网＋养老”模式创新［J］．中共济南市委党校学报，2016(4):54–57.

［33］ 吴来苏．构建具有中国特色的养老方式——推进以家庭养老为主、社区养老为支撑的养老方式［J］．长沙民政职业技术学院学报，2005(1):1–5.

［34］ 吴子培，王承慧．社区养老服务设施体系建设问题与优化探究［C］// 中国城市规划学会．城乡治理与规划改革——2014 中国城市规划年会论文集 (12——居住区规划)．北京：中国建筑工业出版社，2014:380–393.

［35］ 谢守红，谢双喜．国外城市社区管理模式的比较与借鉴［J］．社会科学家，2004(1):47–50.

［36］ 徐守勤．社区养老存在的问题及其对策［J］．社区医学杂志，2005(8):33–35.

［37］ 徐志文，侯军歧．农村养老新出路——农村社区养老模式的提出与分析［J］．安徽农业科学，2005(7):1305–1307.

［38］ 严晓萍．美国社区养老服务设施建设及启示［J］．社会保障研究，2009(4):19–25.

［39］ 尹姣，张会君，黄菲，等．社区养老机构护理人员分层培训的可行性研究［J］．中国全科医学，2012, 15(8):933–935.

［40］ 于潇，孙悦．"互联网＋养老"：新时期养老服务模式创新发展研究［J］．人口学刊，2017,39(1):58–66.

［41］ 袁振华．基于城市社区养老模式下的小区老年公寓研究——以重庆市为例［D］．重庆：重庆大学，2011.

［42］ 张丽雅，於钇权．美英两国社区养老服务及启示[J]. 社会福利，2010(10):48–49.

［43］ 张强，张伟琪．多中心治理框架下的社区养老服务：美国经验及启示[J]. 国家行政学院学报，2014(4):122–127.

［44］ 张少芳．互联网养老产业发展现状、机遇及路径选择[J]. 河北学刊，2016(4):212–216.

［45］ 张晓文．中国社区养老保障的探索与实践[J]. 辽宁经济，2008(2):20–21.

［46］ 张忆雄，马佳，桂莹，等．不同地区社区养老模式下老年人生活质量现状及其影响因素[J]. 中国老年学杂志，2014(5):1334–1336.

［47］ 赵立新．论社区建设与居家式社区养老[J]. 人口学刊，2004(3):35–39.

［48］ 赵丽宏．完善社区养老服务　支持居家养老[J]. 黑龙江社会科学，2005(3):112–115.

［49］ 赵迎旭．城市社区养老的需求与供给现状调查——以北京市西城区为

例 [D]. 厦门：厦门大学 , 2008.

[50] 郑建娟 . 我国社区养老的现状和发展思路 [J]. 商业研究 , 2005(12):159–161.

[51] 郑康 , 刘秀清 . 城市社区管理体制改革新探 [J]. 经济与管理 , 2006(4):80–82.

[52] 郑生钦 , 冯雪东 . 风险分担视角下社区养老服务 PPP 项目投资决策 [J]. 土木工程与管理学报 , 2016, 33(3):47–52,67.

[53] 周伟文 , 赵巍 , 严晓萍 , 等 . 居家式社区养老方式与老年群体的社会化管理 [J]. 河北学刊 , 2001(4):75–78.

[54] 周燕珉 , 张璟 , 林文洁 . 我国城市居家及社区养老居住模式探讨 [J]. 住宅产业 , 2010(1):22–26.

[55] CHEN L , QIN L U , QIAO J . Research on the Construction of the Wisdom Community Endowment Service System [J]. Population Journal,2016(3):67–73.

[56] MERCER, JOYE. Community colleges try their hand at endowment building. [J]. Chronicle of Higher Education, 1996, 42(23):A35.

[57] NEWMAN B L , LUCKES D R . Community foundations: A potential endowment - building partner[J]. New Directions for Philanthropic Fundraising, 1996(14):105–115.

[58] PING J , HU S , NAN Y . The management research based on stepwise regression model in the Shanghai community endowment service[C]// International Conference on Information Management. IEEE, 2013.

[59] YIN W U , HAN Y , YANG Y . Exploration of Living Modes for Small-scale Community Endowment[J]. Journal of Landscape Research, 2017(6):19–24, 28.